Tina Isensee

Edelstein-Reisen

Smaragd Verlag

Bitte fordern Sie unser kostenloses Verlagsverzeichnis an:

Smaragd Verlag e.K.
Neuwieder Straße 2
D-56269 Dierdorf
Tel.: 02689-92259-10
Fax: 02689-92259-20
E-Mail: info@smaragd-verlag.de
www.smaragd-verlag.de

Oder besuchen Sie uns im Internet unter der obigen Adresse und melden Sie sich für unseren Newsletter an.

© Smaragd Verlag, 56269 Dierdorf
Erste Auflage: November 2018
© Cover: Belozorova Elena - Fotolia
Umschlaggestaltung: preData
Satz: preData
Printed in Czech Republic
ISBN 978-3-95531-173-5

Inhalt

Widmung

*Ich widme dieses Buch einem Mann,
der mich schon mein ganzes Leben kennt:
meinem Papa!*

Ich hab dich sehr lieb!

Vorwort

Herzlich willkommen in der Welt der Edelsteine. Während eines Kurz-Workshops zum Thema „Edelsteine" kam mir spontan die Idee der Edelstein-Reisen. Direkt nach dem Workshop setzte ich mich hin und schrieb meine erste Edelstein-Reise „Der Wasserfall". Dabei entstanden verschiedene Ideen für weitere Reisen.

In nur wenigen Tagen hatte ich zehn wunderbare Edelstein-Reisen geschrieben und probierte diese natürlich sofort aus. Erst in einem kleinen Rahmen mit Freunden und der Familie, anschließend bei verschiedenen Seminaren. Bis jetzt habe ich nur positive Resonanz von meinen Besucherinnen bekommen, leider waren noch keine männlichen Teilnehmer dabei.

Ähnlich wie bei den Duftreisen handelt es sich bei den Edelstein-Reisen um eine Kombination – dieses Mal aus Fantasiereisen und der wunderbaren Kraft der Edelsteine.

Ich wünsche dir viel Freude mit den Edelstein-Reisen. Egal, ob du sie vorliest oder sie vorgelesen bekommst, genieße diese fantastischen und verwunschenen Geschichten, die du hoffentlich in dein Herz schließen wirst.

Deine Tina Isensee

Fantasie- und Traumreisen

Fantasie- oder Traumreisen sind immer beliebter werdende Entspannungstechniken, die dich durchs Hören in einen tiefen Ruhe- und Entspannungszustand führen können. In einer bequemen Position und mit geschlossen Augen ist es dir möglich, vor deinem inneren Auge der Fantasiereise, die möglichst viele positive Sinneseindrücke enthält, detailgetreu zu folgen und dabei deinen Alltag hinter dir zu lassen.

Wenn es dir während einer Fantasiereise gelingt, diese traumhaften oder verwunschenen Orte zu besuchen, kannst du diesen Zustand der Entspannung – ich nenne es gerne das „Urlaubsfeeling" – mit in die Realität nehmen und so in kürzester Zeit Kraft schöpfen, um deinen Alltag besser bewältigten zu können.

Eine Fantasiereise trägt jedoch nicht nur zur Entspannung bei, sondern kann auch dazu führen, dass du alte und belastende Muster loslässt, einen neuen Blick auf Probleme und schwierige Situationen erhältst oder verborgenes Potenzial in dir entdeckst und dabei die Motivation findest, dieses auch zu nutzen.

Die Energie von Fantasie- oder Traumreisen kann jeder nutzen und genießen – egal, ob zu Hause, im Yogazentrum oder bei einem Wellness-Tag mit einer Freundin.

Es gibt spezielle Fantasiereisen für Kinder, Jugendliche, Erwachsene und Senioren – an jeden wird gedacht. Die Anwendungsbereiche sind so breit gefächert, dass es für jede erdenkliche Situation die passende Fantasiereise gibt – bestimmt ist auch eine für dich dabei.

Edelsteine und Mineralien

Die Edelstein-Therapie ist keine neumodische esoterische „Erfindung". Die ersten Aufzeichnungen über den Gebrauch von Edelsteinen stammen aus der chinesischen Kultur und sind beinahe 5000 Jahre alt. Auch in der Ayurveda-Lehre, einer traditionell indischen Lebensphilosophie, wird die Energie der Steine seit tausenden von Jahren zur Harmonisierung von Körper, Geist und Seele genutzt. Der altgriechische Philosoph Aristoteles (384 bis 322 vor Christus) überlieferte sein Wissen um die Kraft der Steine, Hildegard von Bingen entdeckte im 12. Jahrhundert die Kraft der Edelsteine neu und entwickelte eine eigene Methode der Anwendung. Selbst der Arzt und Alchemist Paracelsus (1493 bis 1541) schrieb über den Gebrauch von Steinen. In der heutigen Zeit ist die analytische Steinheilkunde nach Michael Gienger weit verbreitet.

Edelsteine und Mineralien übertragen lichtvolle und sehr feine Schwingungen, die unsere eigene Schwingung harmonisieren, energetisieren und ergänzen können. Auf diese Weise können unser Körper und unsere Seele Energien aufnehmen, die ihnen im Moment fehlen, um vollständig zu sein.

Natürlich kennen auch die Edelsteine ihre Grenzen. Genetische Defekte, schwere Krebserkrankungen oder tiefe Depressionen werden nicht durch den Gebrauch eines Steins behoben. Allerdings hat man mit Hilfe der Steine die Möglichkeit, die Auswirkungen verschiedener Krankheiten und Beschwerden zu lindern. Die Verwendung von Edelsteinen und Mineralien ersetzt keinesfalls den Besuch beim Arzt oder Heilpraktiker.

Heilsteine kannst du in gut sortierten Läden mit spirituellem oder esoterischem Sortiment bekommen.

Edelstein-Reisen

Edelstein-Reisen sind eine Form von Fantasiereisen, in denen die Energie von Edelsteinen eine entscheidende Rolle spielt. Anders als bei den Duftreisen kannst du die Kraft der Edelsteine bei diesen Reisen gleich zweimal nutzen. Zum einen benutzt du die Edelsteine während der Reise als Handschmeichler, zum anderen begegnen dir die Steine noch einmal innerhalb der Meditation.

Mit Hilfe der Edelsteine kann es dir während einer Reise leichterfallen, dich in die verschiedenen Situationen hineinzuversetzen und dich den Aufgaben, die dir dort begegnen, besser zu stellen. Auf der anderen Seite kannst du die speziellen Energien der Steine dazu nutzen, um dich und deinen Energiekörper wieder neu „aufzuladen".

Um dich besser vorbereiten zu können, findest du am Anfang jeder Edelstein-Reise die passenden Edelsteine mit einer Kurzbeschreibung ihrer energetischen Wirkungen. Damit der Ablauf einer Edelstein-Reise so unkompliziert wie möglich wird und alle Beteiligten ohne Störungen die Reise genießen können, empfehle ich dir, die benötigten Edelsteine schon vor Beginn der Edelstein-Reise bereitzulegen und dich für eine Möglichkeit der Handhabung zu entscheiden.

Am besten eignen sich:

- Handschmeichler, Trommelsteine, Daumensteine, Kugeln, Linsensteine oder Seifensteine.
- Polierte oder getrommelte Steine eignen sich hervorragend als Handschmeichler. Manchmal möchte man den Stein gar nicht mehr „aus der Hand geben".
- Augensteine.
  Augensteine sind eine spezielle Form von Edelsteinen, die man sich sehr gut auf die geschlossenen Augen legen kann, um nicht abgelenkt zu werden.

Wenn du die Möglichkeit hast, eine Edelstein-Reise im Liegen durchzuführen, empfehle ich die Variante mit den Augensteinen. Solltest du oder deine Zuhörerinnen und Zuhörer während der Edelstein-Reise eine Sitzposition einnehmen, eignen sich die Handschmeichler am besten.

Alle meine Edelstein-Reisen, Duftreisen, Meditationen oder Fantasiereisen sind grundsätzlich immer in der einfachen und unkomplizierten „Du-Form" geschrieben. So fällt es den meisten Menschen leichter, sich fallenzulassen, und das wiederum führt dazu, das erhoffte Ziel zu erreichen.

Wenn du die Edelstein-Reisen einsetzen möchtest, nimm dir bitte vorher einen kleinen Moment Zeit, atme einmal tief durch und lies die Edelstein-Reise.

Innerhalb der Edelstein-Reise werde ich dir kleine Hilfestellungen zum Lesen geben, die du in den Klammern (...) findest und bitte nicht vorliest.

Wenn du möchtest, kannst du die Edelstein-Reisen noch mit Musik untermalen. Am besten eignen sich Melodien mit entspannenden, leichten Instrumenten ohne Gesang. Ich bevorzuge Musik mit keltischen Klängen.

Um völlig in die Entspannung zu kommen, kannst du dir die Edelstein-Reisen auf dein Handy sprechen.

Nun wünsche ich dir von Herzen viel Freude und Erfolg mit meinen Edelstein-Reisen.

Der Wasserfall

In der Edelstein-Reise „Der Wasserfall" begegnest du dem Bergkristall und seiner reinigenden und klärenden Kraft. Lass dich einfach fallen und versuche Blockaden, die sich in deiner Seele angesammelt haben, abzuwaschen.

Bevor du beginnst, verteile bitte an jeden Teilnehmer einen kleinen Bergkristall, oder bitte deine Zuhörer im Vorfeld, sich einen Bergkristall mitzubringen.

Die Edelstein-Reise „Der Wasserfall" dauert ungefähr 35 bis 40 Minuten.

Bergkristall

Der Bergkristall ist einer der bekanntesten Edelsteine und ein echtes „Allround"-Talent.

- Auraschutz,
- Schulung der Intuition,
- Förderung der Traumaktivität,
- Ableitung von negativen Energien,
- Ausgleich seelischer Disharmonien,
- Verarbeitung von Schicksalsschlägen,
- Aktivierung des höheren Bewusstseins,
- Unterstützung bei Vergangenheitsarbeit.

Der Wasserfall

Mache es dir bitte so bequem wie möglich und umschließe dabei den Bergkristall fest mit deiner Hand.

Schließe nun bitte deine Augen und konzentriere dich ganz auf deine Atmung.

Atme tief ein und wieder aus.

Spüre, wie die Kraft des Atems deinen Körper und auch deine Seele durchströmt.

Atme tief ein und wieder aus.

Spüre, wie eine sanfte Woge der Ruhe über deinen Geist kommt.

Atme tief ein und wieder aus.

Spüre, wie dein Körper und deine Muskeln sich entspannen und dabei ganz locker werden.

Atme tief ein und wieder aus.

Dein Gesicht ist nun ganz entspannt, und auf deinen Lippen liegt ein leichtes Lächeln.

Fühle die Energie des Bergkristalls in deiner Hand und auch in dem Raum, in dem du dich befindest.

Seine Kraft ermöglicht es dir, die normalen Spannungen des Alltags loszulassen und neue Energie durch deinen Körper, deinen Geist und deine Seele fließen zu lassen.

(An diesem Punkt solltest du eine Minute Pause machen, bevor du weiterliest.)

Stell dir nun bitte vor, wie du auf einer grünen Wiese stehst. Auf dieser Wiese blühen viele bunte Blumen, und die Bienen summen fleißig vor sich hin. Die warme Sommersonne scheint angenehm auf dich herab, und die Vögel zwitschern ein fröhliches Lied.

Du gehst einige Schritte und folgst einem schmalen Pfad über einen leichten Hügel. Vor dir sitzen zwei schneeweiße Kaninchen, die ihren Hunger an dem saftigen Gras stillen.

Du gehst weiter und siehst, dass bunte Schmetterlinge unbeschwert in der Luft tanzen.

Dann steigst du weiter auf die Kuppe des sanften Hügels. Der Weg ist leicht zu überwinden. Ohne aus der Puste zu kommen, gehst du weiter, und das zarte Zirpen der Grillen begleitet dich auf deinem Weg.

(An diesem Punkt solltest du ungefähr 30 Sekunden Pause machen, bevor du weiterliest.)

Auf der Höhe angekommen, kannst du von dort aus ein wunderschönes, grünes Tal sehen. Du setzt dich auf eine einfache kleine Holzbank am Rand und machst eine kurze Verschnaufpause.

Hinter dem Tal siehst du Berge, und ein Wasserfall fließt in einen kleinen See. In deinem Inneren spürst du, dass der See dein Ziel ist.

Du stehst auf und gehst beschwingt und mit Freude im Herzen auf ihn zu. Ein leichter Wind begleitet dich dabei. Er wird etwas stärker und spielt dabei sanft mit deinen Haaren und deiner Kleidung. Es ist, als würde dich der Wind wie einen alten Freund begrüßen wollen.

Es ist nicht mehr weit, bald hast du den See und den Wasserfall erreicht. Die Oberfläche des Sees glitzert und zieht dich weiterhin wie magisch an.

Nur noch wenige Schritte, und du erreichst ihn endlich – den See.

(An diesem Punkt solltest du ungefähr 30 Sekunden Pause machen, bevor du weiterliest.)

Am Ufer angekommen, kannst du auch die Ursache des zauberhaften Glitzerns erkennen. Tausend Bergkristalle liegen auf dem Grund des Sees.

Schau dir die Steine genau an – große und auch kleine liegen dort auf dem Grund verstreut. Runde Bergkristalle und krumme. Geschliffene Steine und natürlich geformte.

Es sind viele verschiedene Bergkristalle, und alle strahlen pure Reinheit und Klarheit aus. Ein Bergkristall fällt dir dabei besonders ins Auge. Du kannst es nicht genau beschreiben, aber dieser eine ist etwas Besonderes für dich.

(Hier reicht eine Pause von drei tiefen Atemzügen.)

Nach einem Moment des Staunens kannst du den Stein in deinem Inneren hören:

(Lies jeden der folgenden Sätze bewusst und lass zwischen ihnen immer einen tiefen Atemzug Zeit, bevor du weiterliest.)

„Ich bin dein.
Ich bin dein Stein der Selbsterkenntnis.
Komm und hole mich, damit ich stets deine Aura kräftigen und für dich da sein kann.
Ich will bei dir sein alle Tage und dein Leben bereichern."

(Ab hier kannst du normal weiterlesen.)

Während du dich ans Ufer setzt, um deine Schuhe und Socken auszuziehen, bildet sich nur für dich eine schlichte Treppe aus reinem, klarem Bergkristall. Dein Weg in den See ist somit frei.

(Lass dir zwischen den einzelnen Stufen einen Moment Zeit und mach zwei tiefe Atemzüge, bevor du weiterliest.)

Langsam und vorsichtig betrittst du die erste Stufe. Du hast einen festen Tritt und guten Halt auf der Treppe.
Langsam spürst du, wie du alle Verbitterung in deinem Herzen loslassen kannst.
Du betrittst die zweite Stufe, und dort fällt langsam jeder Groll von dir ab.
Du betrittst die dritte Stufe, und jetzt kannst du all deine Angst loslassen.
Nun berühren deine Zehen die Wasseroberfläche, und du stellst fest, dass das Wasser angenehm warm ist.
Du betrittst die vierte Stufe, und dort lösen sich Neid und Eifersucht von deiner Seele.
Du betrittst die fünfte Stufe, dort wird dir bewusst, was es bedeutet, dir selbst und anderen aus ganzem Herzen zu verzeihen.

(Ab hier kannst du normal weiterlesen.)

Das klare Wasser glitzert in der Sonne. Um dich herum duftet es nach Sommer und Sonne, nach Freiheit und Freude. Und da das Wasser des Sees nur bis an deine Hüften reicht, gehst du immer weiter hinein.

Das kristallklare Wasser erfrischt dich, reinigt dich und spült alle negative Energie, die sich im Laufe der Zeit angesammelt hat, mit Leichtigkeit von dir und deiner Seele.

(Hier reicht eine Pause von drei tiefen Atemzügen.)

Lass nun bitte das Wasser über deine Aura und deinen Körper fließen. Denke dabei an all die negativen Gefühle und blockierenden Gedanken, die du hattest und vielleicht immer noch hast, und dann übergib alle diese Gefühle an die reinigende Kraft des Bergkristall-Wassers.

(An diesem Punkt solltest du eine Minute Pause machen, bevor du weiterliest.)

Denke jetzt an dein inneres Kind – platsche, spritze und lass dich ins Wasser plumpsen. Hol tief Luft und lass dich in das Wasser fallen. Spüre, wie dabei Reinheit und Klarheit tief in deine Seele dringen.

(Hier reicht eine Pause von drei tiefen Atemzügen.)

Als du wieder auftauchst, siehst du ihn wieder: deinen Bergkristall.

Du gehst einige Schritte weiter in Richtung Wasserfall, um deinen Stein aufzuheben. Als du ihn in der Hand hältst, hörst du wieder seine Stimme in deinem Herzen:

(Lies jeden der folgenden Sätze bewusst und lass zwischen ihnen immer einen tiefen Atemzug Zeit, bevor du weiterliest.)

„Ich verbinde deine Seele mit deinem Verstand und deinem Geist!
Halte mich nicht nur in deiner Hand, sondern schenke mir einen Platz in deinem Herzen.
Ich will dein Begleiter sein – jetzt und alle Tage deines Lebens."

(Ab hier kannst du normal weiterlesen.)

Mit deinem Stein in der Hand stellst du dich direkt unter den Wasserfall. Das Wasser ist ganz leicht – fast wie in der Dusche – es prasselt auf deinen Kopf und deine Schultern. Alle hartnäckigen Belastungen, die sich nicht so einfach abwaschen lassen wollen, werden nun endgültig fortgespült.
Strecke die Arme aus und genieße das Gefühl der Reinheit.

Spüre, wie das Wasser in Kombination mit dem Bergkristall alle deine seelischen Disharmonien ausgleicht und dir so die Möglichkeit gibt, dein Bewusstsein zu erweitern.

(Hier reicht eine Pause von drei tiefen Atemzügen.)

Hinter dem Wasserfall steht ein Kelch aus reinem Bergkristall. Er ist wunderschön und passt perfekt in deine Hand.
Halte den Kelch unter den Wasserfall und fülle ihn mit dem Wasser. Dann trinke einen Schluck aus dem Kelch.
Wie schmeckt dir das reine, klare Wasser? Ist es süß oder leicht salzig?
Nimm noch einen Schluck und konzentriere dich dabei bitte auf eine persönliche Herzensangelegenheit, die du noch klären oder bereinigen möchtest.
Vielleicht gibt es auch eine Situation in der Vergangenheit, die du loslassen, oder eine Beziehung, mit der du abschließen möchtest.
Suche ganz tief in dir, in deinem Herzen und in deiner Seele, und dann nimm einen weiteren Schluck aus dem Kristallbecher.

(An diesem Punkt solltest du eine Minute Pause machen, bevor du weiterliest.)

Wenn du so weit bist, stell den Kristallkelch zurück und verweile noch einen Moment in dieser friedvollen und reinen Energie.

(Mache eine kurze Pause von drei tiefen Atemzügen.)

Du spürst nun, dass für dich die Zeit gekommen ist, nach Hause zurückzukehren.

(Lass dir zwischen den einzelnen Stufen wieder einen Moment Zeit und nimm drei tiefe Atemzüge, bevor du weiterliest.)

Deinen Bergkristall fest in der Hand, betrittst du langsam und vorsichtig die unterste Stufe und spürst dabei den enorm großen Energievorrat deiner Seele.
Du betrittst die zweite Stufe, und dort erkennst du, dass deine Selbstheilungskräfte aktiviert sind.
Du betrittst die dritte Stufe und hast einen klaren Blick für deine Umgebung, deine Freunde und Familie.
Du betrittst die vierte Stufe und bist mit dir uneingeschränkt im Reinen.
Du betrittst die fünfte Stufe, dort werden dir deine brachliegenden und bislang ungenutzten Fähigkeiten bewusst.

(Ab hier kannst du normal weiterlesen.)

Am Ufer stellst du fest, dass deine Kleidung, deine Haut und Haare trocken sind.

Schlüpfe nun wieder in deine Socken und die Schuhe und mache dich langsam auf den Weg zurück nach Hause.

Du steigst wieder den Hügel hinauf. Auch dieses Mal ist der Weg leicht zu gehen, und der Wind begleitet dich.

Oben drehst du dich noch einmal um und wirfst einen letzten Blick auf den glitzernden See.

Jederzeit darfst du diesen wunderschönen und heilsamen Ort wieder besuchen. Immer wenn du deine Augen schließt und an diesen Ort zurückdenkst, weckst du automatisch seine Kraft in deinem Herzen.

(Hier reicht eine Pause von drei tiefen Atemzügen.)

Du gehst weiter über den grünen Hügel. Die beiden schneeweißen Kaninchen sind immer noch da und mümmeln friedlich im Gras, und auch die zarten Schmetterlinge tanzen noch in der Luft.

Langsam wirst du dir deines Atems wieder bewusst.

Atme tief ein und wieder aus.

Alle Erinnerungen an die Kraft der Bergkristalle sind fest in deinem Herzen verankert.

Atme tief ein und wieder aus.

Du fühlst dich gestärkt und mit positiver Energie aufgeladen.

Atme tief ein und wieder aus.

Du nimmst deinen entspannten Körper wahr. Deine Füße und Beine und auch deine Hände und Arme.

Wenn du magst, kannst du dich recken und strecken – vielleicht sogar gähnen.

Schließlich öffne bitte deine Augen.

Willkommen im Hier und Jetzt!

Im Irrgarten

In der Edelstein-Reise „Im Irrgarten" kannst du Chalcedon-Blätter von einem Baum schütteln und so die Kräfte dieses Edelsteins in dein Leben lassen. Die Reise eignet sich hervorragend, um alte Traumata endgültig zu verarbeiten und dadurch aufgestaute Aggressionen loszulassen.

Bevor du beginnst, verteile bitte an jeden Teilnehmer einen kleinen blauen Chalcedon, oder bitte deine Zuhörer im Vorfeld, sich selbst einen Chalcedon mitzubringen.

Die Edelstein-Reise „Im Irrgarten" dauert ungefähr 20 bis 25 Minuten.

Chalcedon

Der Blue Lace Chalcedon schenkt uns – durch seine besondere Verbindung zum Halschakra – die Fähigkeit, uns von anderen besser abzugrenzen und „Nein" zu sagen.

- Milderung von Jähzorn,
- Gefühl der Lebendigkeit,
- Abbau von Aggressionen,
- Stärkung des Halschakras,
- Steigerung der Kommunikationsfähigkeiten,
- Wahrheitsliebe,

- Verarbeitung von seelischen Traumata,
- Offenlegung unterdrückter Aggressionen.

Im Irrgarten

Nimm nun bitte den Chalcedon fest in deine Hand. Mache es dir anschließend so bequem wie möglich und schließe deine Augen.

Versuche, dich auf deine Atmung zu konzentrieren und atme tief ein und wieder aus.

Versuche, dabei alle Gedanken, die dich beschäftigt haben, loszulassen.

Atme tief ein und wieder aus.

Lass dich von deinem Atem in eine tiefe Entspannung tragen.

Atme tief ein und wieder aus.

Jeder Atemzug führt dich tiefer in die Entspannung.

Atme tief ein und wieder aus.

Spüre die Energie des Steins in deiner Hand und versuche, diese Energie auch auf dich übergehen zu lassen.

Atme tief ein und wieder aus.

Durch die Energie des Chalcedons kann sich nun langsam in deinem Körper ein starkes Gefühl von Ruhe und Gelassenheit ausbreiten.

Du fühlst, wie dein Körper sich durch diese Ruhe verändert. Du fühlst dich sicher, stark und bereit, anderen wortgewandt zu begegnen.

Besonders in deinen Schultern kannst du sie spüren, die unbändige Energie der offenen und ehrlichen Kommunikation.

(Hier reicht eine Pause von drei tiefen Atemzügen.)

Nun konzentriere dich bitte auf dein Halschakra. Spüre, wie es sich in deinem Energiekörper dreht und dabei versucht, mehr Energie anzuziehen, um sie dir zu schenken.

Nimm die wunderschöne kühle, blaue Energie in dir wahr. Sie ist ein Teil von dir, auch wenn du dir dessen nicht bewusst bist.

Dein Halschakra ist kräftig und wächst.

Blockaden, die sich im Laufe der Zeit in deinem Halschakra angesammelt haben, werden dir nun bewusst, und es fällt dir leicht, diese aufzulösen.

Negative Gedanken und Gefühle kannst du nun in die kühle blaue Energie deines eigenen starken Seins senden und dabei zusehen, wie sie sich auflösen.

(Hier reicht eine Pause von drei tiefen Atemzügen.)

Stell dir nun bitte vor, wie du in einem kleinen Irrgarten stehst, in dem immergrüne Buchsbäume das Gerüst bilden. Breite Gänge weisen dir den Weg ins Innere, während die Sonne leicht und doch angenehm warm auf dich herab-scheint. Bevor du dich auf den Weg machst, atme noch ein-mal tief durch und dann geh los.

(Hier reicht eine Pause von einem tiefen Atemzug.)

Nach einigen Schritten durchströmt dich ein Gefühl der Le-bendigkeit. Es ist, als würden die Lebensgeister in dir neu erwachen und dich ausfüllen.
Zwei kleine Blaumeisen fliegen über die Hecken des Irrgar-tens. Sie zeigen dir mit fröhlichem Gezwitscher den Weg ins heilige Zentrum.
Zuerst gehst du nach links, dann folgst du dem Weg weiter nach rechts.
Wohin gehst du dann? Für welche Abzweigung entscheidest du dich?

(Hier reicht eine Pause von drei tiefen Atemzügen.)

Ganz gleich, in welche Richtung du dich wendest, mit jedem weiteren Schritt macht sich Leichtigkeit in deinem Herzen breit.

Nach einer Weile gelangst du an eine Gabelung. Welchem Pfad wirst du nun folgen?

Auf dem Weg nach links sitzt ein Eichhörnchen mit seidig rotbraunem Fell, auf dem Weg nach rechts wartet ein weiß-braunes Kaninchen.

Wenn du dich entschieden hast, folge deinem Herzen und deinem neuen kleinen Freund. Das Innere des Irrgartens, das Heiligtum, ist nah.

Der Wind raschelt beruhigend in der Hecke. Nur noch weni-ge Schritte trennen dich vom Ziel.

Du gehst um eine weiter Ecke, und dort sitzen das Eichhörn-chen und das Kaninchen und warten auf dich.

In deinem Herzen weißt du, dass du die letzten Schritte al-lein gehen musst. Beflügelt durch das Wissen, dass die bei-den – das Eichhörnchen und das Häschen – auf dich warten, gehst du weiter.

(Hier reicht eine Pause von drei tiefen Atemzügen.)

Nun kannst du es sehen, das Heiligtum, das Herz des Irrgar-tens: eine große, alte Eiche.

Du gehst näher.

Der mächtige Stamm ragt vor dir in die Höhe, und in seiner Krone kannst du Blätter aus strahlend blauem Chalcedon erkennen.

Die Strahlen der Sonnen glitzern auf der Oberfläche der Steine.

Du legst eine Hand auf den Stamm und gehst einmal um den Baum herum.

Das pulsierende Leben und die Energie der Chalcedon-Eiche kribbeln in deiner Handfläche.

Durch die Handfläche nimmst du nun die Kraft in dir auf, alle deine Aggressionen loszulassen, selbst die, die tief in deiner Seele verborgen liegen.

(Hier solltest du einen tiefen Atemzug machen und dann ruhig weiterlesen.)

Du findest alle Wut, allen Jähzorn und viel unterdrückte Anspannungen in dir und lässt diese Emotionen in den Baumstamm fließen.

(An dieser Stelle solltest du mindestens eine Minute Pause machen, bevor du weiterliest.)

Nun hörst du den Baum in deinem Herzen sprechen:
„Liebes Menschenkind, schüttele an meinem Stamm, rütte-
le ganz fest an ihm, damit dein Blatt, dein Chalcedon, zu dir
herunterkommen kann. Er wird dir stets zur Seite stehen,
damit du dich auch anderen Menschenkindern gegenüber
besser abgrenzen und so deinen Weg gehen kannst. Traue
dich, rüttele ganz fest, es wird mir bestimmt nicht schaden!"
Nach kurzem Zögern nimmst du all deine Kraft zusammen
und rüttelst und schüttelst am Stamm. Du drückst mit einer
ungeahnten Energie gegen den Stamm.

(Hier solltest du einen tiefen Atemzug machen.)

Plötzlich spürst du ihn, deinen Chalcedon. Du trittst ein
kleines Stück zurück und siehst, wie ein wunderschöner hell-
blauer Stein in Form eines Eichenblatts auf dich zuschwebt.
Sanft landet er in deiner ausgestreckten Hand.
Genieße die zarte und doch so mächtige Energie und kon-
zentriere dich dabei auf ein altes Trauma, eine Begebenheit,
die noch fest an deiner Seele nagt. Ein Erlebnis, das dich
sehr verletzt hat. Ein Moment, in dem du andere vielleicht
von dir weggestoßen hast. Tief in dir findest du etwas, das
du mit der Kraft deines Chalcedons auflösen kannst.

(An dieser Stelle solltest du mindestens eine Minute Pause machen, bevor du weiterliest.)

Jetzt, wo deine Seele von Altem und Belastendem befreit ist, spürst du, dass es an der Zeit ist, zurückzukehren.
Du steckst dein Chalcedon-Blatt in die Hosentasche und bedankst dich bei der großen Eiche. Wenn du möchtest, kannst du den Baum zum Abschied umarmen.

(Hier reicht eine Pause von drei tiefen Atemzügen.)

Etwas zupft leicht an deinem Hosenbein. Du drehst dich um und siehst das Eichhörnchen, das dir den Heimweg weisen will. Auch das Kaninchen ist zur Stelle.
Du folgst den beiden, und an der ersten Buchsbaumecke drehst du dich noch einmal voller Dankbarkeit um.
Nun kommt dir der Irrgarten noch viel schöner vor. Tautropfen glänzen auf der Buchsbaumhecke, und die Sonne scheint noch immer angenehm warm auf dich herab. Alles ist friedlich.

(Hier solltest du einen tiefen Atemzug machen, bevor du weiterliest.)

Nach kurzer Zeit erreichst du den Eingang des Irrgartens. Bücke dich und streichle zum Abschied deine kleinen Freunde. Spüre das weiche Fell des Kaninchens und die kitzeligen Haare an den Ohren des Eichhörnchens.

Die beiden huschen flink in die Hecken, und du kehrst zurück ins Hier und Jetzt.

Langsam wirst du dir deines Atems wieder bewusst.

Atme tief ein und wieder aus.

Alle Erinnerungen an die Kraft des Baumes und seine wunderschönen Chalcedon-Blätter sind fest in deinem Herzen verankert.

Atme tief ein und wieder aus.

Du fühlst dich gestärkt und mit positiver Energie aufgeladen.

Atme tief ein und wieder aus.

Du nimmst deinen entspannten Körper wieder wahr.

Wenn du möchtest, kannst du dich recken und strecken und vielleicht sogar gähnen.

Schließlich öffne deine Augen wieder und kehre ganz in die Realität zurück.

Der Rosengarten

In der Edelstein-Reise „Der Rosengarten" kannst du nicht nur deinen persönlichen Rosenquarz pflücken, sondern dich auch mit Herzensenergie neu aufladen. Diese Reise eignet sich hervorragend, um alte Beziehungen zu Ex-Partnern endgültig hinter sich zu lassen.

Bevor du beginnst, verteile bitte an jeden Teilnehmer einen kleinen Rosenquarz, oder bitte deine Zuhörer im Vorfeld, sich einen Rosenquarz mitzubringen.

Die Edelstein-Reise „Der Rosengarten" dauert ungefähr 30 bis 35 Minuten.

Rosenquarz

Der Rosenquarz ist nicht nur wegen seiner Farbe einer der beliebtesten Edelsteine der Frauen, sondern auch wegen seiner sanften Wirkung auf die Herzensebene.

- Lindert Albträume,
- baut Aggressionen ab,
- mildert Liebeskummer,
- steigert die Fruchtbarkeit,
- harmonisiert das Herzchakra,
- ermöglicht es, sich selbst zu lieben,
- fördert die Fähigkeit, Liebe zu schenken und anzunehmen.

Der Rosengarten

Mache es dir bitte so bequem wie möglich und nimm deinen Rosenquarz in die Hand. Schließe nun deine Augen und atme ganz ruhig ein und wieder aus.

Versuche, deinen Geist zu entspannen und atme tief ein und wieder aus.

Lass alle Gedanken, die dich beschäftigt haben, einfach los. Atme ruhig und friedvoll ein und wieder aus.

Schließe eine geistige Tür und lass alle alltäglichen Probleme draußen stehen. Jetzt bist nur du, dein wahres Ich, wichtig. Atme ganz ruhig ein und wieder aus.

Du kannst nun fühlen, wie sich auch dein Körper immer mehr entspannt und dabei auch deine Muskeln locker werden. Atme ganz ruhig ein und wieder aus.

Fühle die Energie des Rosenquarzes in deiner Hand. Seine Kraft ermöglicht es dir, dich selbst zu lieben und so Liebe auch von außen, von anderen Menschen, anzunehmen. Und er ermöglicht es dir, anderen Menschen deine bedingungslose Liebe zu schenken.

(Hier solltest du eine Minute Pause machen, bevor du weiterliest.)

Wende dich nun bitte dem Zentrum deines Herzens zu. Konzentriere dich dabei auf deinen Herzschlag und versuche, die rotierende Energie deines Herzchakras zu spüren.

Diese rosafarbene Energie dreht sich immer weiter. Sie dehnt sich aus und füllt dabei langsam dein ganzes Dasein aus.

Atme nun bitte noch dreimal tief durch und genieße dabei die kraftvolle und doch leichte Energie deines Herzchakras.

(Hier solltest du drei tiefe Atemzüge machen.)

Stell dir nun bitte vor, dass du in einem wunderschönen großen Garten stehst. Dieser strahlt in den schönsten Frühlingsfarben und verströmt dabei einen atemberaubenden und sehr angenehmen Duft.

Die Sonne scheint warm und angenehm auf dich herab und taucht die Landschaft in ein warmes, fast schon goldenes Licht.

Sieh dich um! Was erkennst du? Wohin führt dich dein Weg?

Voller Vertrauen im Herzen erkundest du diesen märchenhaften Garten, und das muntere Zwitschern der Vögel begleitet freundlich deinen Weg.

(Hier solltest du drei tiefe Atemzüge machen, bevor du weiterliest.)

Nach einer Weile spürst du eine starke Energie in dir, die dich weiterzieht, und die Strahlen der Sonne weisen dir den Weg.

Hinter einer Efeuhecke entdeckst du ein Meer von Blumen in leuchtenden Farben.

Zuerst begegnest du zarten, weißen Gartennelken. Eine kleine Hummel sitzt auf einem Blütenkopf und sammelt fleißig Blütennektar. Der sinnlich blumige Duft der Gartennelke, die auch „Blume des Herzleidens" genannt wird, inspiriert dich und stärkt deine Seele.

(Hier solltest du drei tiefe Atemzüge machen, bevor du weiterliest.)

Du gehst weiter und kommst an einem kleinen Wasserspiel vorbei, das leise plätschert. Dahinter findest du weiß-gelbe Jasminblüten, die sich sanft im Wind wiegen. Der exotisch betörende Duft des Jasmins löst tiefsitzende seelische Verkrampfungen auf und stärkt dein Selbstvertrauen.

(Hier solltest du drei tiefe Atemzüge machen, bevor du weiterliest.)

Ein Blumenbeet weiter triffst du auf blau-lila Veilchen. Ihre offenen Blätter laden dich zu einer kleinen Rast ein. Knie dich einen Moment hin und schnuppere an den zarten Blüten. Der kräftige und süße Duft verleiht deinem Herzen und deiner Seele Optimismus.

(Hier solltest du drei tiefe Atemzüge machen, bevor du weiterliest.)

Geh nun weiter. Vorbei an den orangefarbenen Lilien, auf denen ein kleiner Schmetterling sitzt. Denn jetzt hast du dein Ziel direkt vor Augen. Ein großes Beet mit wunderschönen pinkfarbenen Rosen.
Geh direkt auf das Beet zu.
Genieße die Farbenpracht und spüre den tiefen Frieden, den diese Rosen deinem Herzen schenken wollen.
Suche dir nun eine Rose aus. Wähle sie aus dem Meer der blühenden Schönheiten aus. Geh näher, trau dich.
Wenn du dich entschieden hast, konzentriere dich ganz auf deine Rose. Leg deine ganze Konzentration in diesen Augenblick.
Die Blüten schließen sich vor deinen Augen, und wenn sie sich wieder öffnen, liegt in ihrer Mitte ein traumhaft schöner Rosenquarz.

Durch das Leuchten und die strahlende Kraft des Steins wird dein Herz nun gereinigt. Alle Gereiztheit, alle Aggressionen, jeglicher Zorn und, wenn vorhanden, auch Hassgefühle werden aus deinem Herzen gelöscht. Stattdessen wird deine Aura mit rosafarbener Herzensenergie angefüllt.

(An dieser Stelle solltest du eine Minute Pause machen.)

Wenn du bereit bist, pflücke deinen Rosenquarz direkt aus der Blüte und achte darauf, dass du die Blütenblätter dabei nicht beschädigst.

Wenn du den Stein mit deiner Hand umschließt, fühlst du, wie die Selbstliebe langsam Teil von dir wird. Du beginnst langsam, aber bestimmt, deine Seele, deinen Geist und auch deinen Körper so zu akzeptieren, wie sie im Moment sind.

All die unbedeutenden Makel, die nur du an dir siehst, kannst du nun akzeptieren, und in Zukunft kannst du sie vielleicht schätzen und sogar liebgewinnen.

Du erkennst, dass deine kleinen Macken, seltsamen Verschrobenheiten und witzigen Eigenarten dich ausmachen, dich sympathisch und menschlich erscheinen lassen.

Und du kannst dich selbst erkennen, akzeptieren und lieben.

(An dieser Stelle solltest du eine Minute Pause machen.)

Halte den Rosenquarz nun bitte direkt an dein Herz. Der Stein strahlt so hell, dass auch dein Herz dieses Strahlen übernimmt.

Du spürst jetzt, dass es dir viel leichter fällt, anderen Liebe zu geben und diese Liebe auch selbst anzunehmen.

Du erkennst, dass du es absolut wert bist, uneingeschränkt und bedingungslos geliebt zu werden.

Konzentriere dich nun auf eine ganz persönliche Beziehung, die du noch klären oder bereinigen möchtest. Eine Beziehung, die dich tief verletzt hat. Suche sie ganz tief in dir, und dann bitte deinen Rosenquarz um Hilfe.

(An dieser Stelle solltest du eine Minute Pause machen.)

Damit du der Natur wieder zurückgeben kannst, was sie dir gerade gegeben hat, suche dir eine ruhige Stelle mit feuchter, tiefschwarzer und fruchtbarer Erde, damit du dort deinen Rosenquarz voller Dankbarkeit und Liebe vergraben kannst.

Dadurch, dass du den Stein der Erde, aus der er gekommen ist, zurückgibst, kann etwas Neues wachsen, und auch in deinem Herzen ist somit Platz für etwas oder jemand Neues.

(Hier mach bitte eine Pause von drei Atemzügen.)

Jetzt ist die Zeit gekommen, Abschied zu nehmen.

Bedanke dich noch einmal bei Mutter Erde und ihren kleinen und großen Wundern, und vergiss nicht, dass auch du eins dieser Wunder bist.

Verlasse nun deinen vergrabenen Rosenquarz-Schatz und diesen wunderschönen Garten.

Auf dem Rückweg kommst du wieder an den orangefarbenen Lilien vorbei, und noch immer sitzt dort friedlich der kleine Schmetterling.

Du gehst weiter, und die geöffneten Blätter der blau-lila Veilchen zaubern dir ein Lächeln auf die Lippen.

Bleib nicht stehen, geh nach Hause, der exotisch betörende Duft des Jasmins begleitet dich für einen kurzen Moment auf deinem Weg.

Die kleine Hummel, die auf den Gartennelken fleißig Blüten-Nektar gesammelt hat, fliegt jetzt los und weist dir dabei das letzte Stück deines Weges.

Wende dich nun wieder dem Zentrum deines Herzens zu.

Alle Erinnerungen an den zauberhaften Garten und seine Bewohner sind in deinem Unterbewusstsein gespeichert, und du weißt, dass du dort jederzeit herzlich willkommen bist.

Mit starker Herzenergie aufgeladen, atmest du tief ein und wieder aus.

Konzentriere dich dabei erneut auf deinen Herzschlag und versuche, die rotierende Energie deines Herzchakras zu spüren.

Atme tief ein und wieder aus.

Spüre deine ausgebreitete Aura und wie sich die rosafarbene Energie deines Herzchakras weiter und immer weiter dreht. Sie füllt dein ganzes Sein aus.

Atme bitte noch dreimal tief durch und nimm deinen Körper dabei wieder wahr. Spüre deine Beine, deine Arme, deine Füße und Hände. Wenn du möchtest, kannst du deinen Körper auch schütteln.

Öffne anschließend deine Augen. Willkommen im Hier und Jetzt!

Auf dem Amethyst-Thron

In der Edelstein-Reise „Auf dem Amethyst-Thron" begegnest du dem Amethyst und seiner entspannenden Wirkung auf Körper, Geist und Seele. Sei bereit für einen Moment vollständiger innerer Ruhe, um deine Kraftreserven wieder aufzufüllen.

Bevor du beginnst, verteile bitte an jeden Teilnehmer einen kleinen Amethyst, oder bitte deine Zuhörer im Vorfeld, sich einen Amethyst mitzubringen.

Die Edelstein-Reise „Auf dem Amethyst-Thron" dauert ungefähr 35 bis 40 Minuten.

Amethyst

Seine Farbvariation von zartem bis hin zu tiefem Violett ist fast schon so vielfältig wie seine Wirkung.

- Schenkt innere Ruhe,
- ermöglicht klare Träume,
- wirkt bei Schlafstörungen,
- Vertiefung von Meditationen,
- ausgleichend bei Überaktivität,
- Harmonisierung der Raumenergie,
- Überwindung von Schmerz, Trauer und Verlust.

Auf dem Amethyst-Thron

Mache es dir jetzt bitte so bequem wie möglich und nimm deinen Amethyst in die Hand. Schließe anschließend deine Augen und atme ganz ruhig tief ein und wieder aus.

Versuche dabei, deinen Geist zu entspannen. Lass dafür alle Gedanken, die dich beschäftigt haben, einfach los.

Atme ruhig und friedvoll ein und wieder aus. Schließe eine geistige Tür und lass alle alltäglichen Probleme draußen stehen. Jetzt bist nur du, dein wahres Ich, wichtig.

Atme ruhig ein und wieder aus.

Deine Aura und deine Seele breiten sich aus und nehmen den Platz ein, der ihnen zusteht.

Atme ruhig ein und wieder aus.

Du kannst nun fühlen, wie sich auch dein Körper immer mehr entspannt und dabei deine Muskeln locker werden.

Atme ruhig ein und wieder aus.

Fühle die Energie des Amethysts in deiner Hand. Seine Kraft ermöglicht es dir, deinen inneren Frieden zu finden. Und er ermöglicht dir Verluste, die du im Laufe deines Lebens erfahren hast, zu verarbeiten und zu überwinden.

(An dieser Stelle reicht eine Pause von drei tiefen Atemzügen.)

Wende dich nun bitte deinem Kronenchakra, dem Zentrum deiner Spiritualität, deiner Selbsterkenntnis und deines erleuchteten Geistes zu.

Konzentriere dich dabei auf deinen Herzschlag und versuche, die rotierende Energie deines Kronenchakras zu spüren.

Seine violette Energie dreht sich weiter und immer weiter. Sie dehnt sich aus und füllt dabei langsam dein ganzes Dasein aus. Ein violetter Schleier legt sich wie ein Beschützer um dich und deine Aura.

Atme nun bitte noch dreimal tief ein und aus. Währenddessen versuche, die kraftvolle und doch leichte Energie deines Kronenchakras zu genießen.

(Auch hier solltest du drei tiefe Atemzüge machen, bevor du weiterliest.)

Wenn der violette Energieschleier langsam verblasst, befindest du dich am unteren Plateau eines großen Gebirges. Du kannst die großen, majestätischen Gipfel sehen, auf denen immer Schnee liegt.

Der Anblick ist atemberaubend.

Andere Pilger beginnen – genau wie du – von hier aus ihre Reise, die Umrundung des heiligen Berges.

Große bunte Fahnen, die im Wind tanzen, säumen die ersten hundert Meter des Weges, und auch du bist bereit, diesem Pilgerweg zu folgen.

Der Weg ist steil, aber du kannst ihm ohne Schwierigkeiten folgen, deine Kraft scheint unerschöpflich zu sein.

Du überholst andere Pilger. Einige pfeifen, andere singen, und manche unterhalten sich, aber alle lächeln dir freundlich zu.

Nach einer Weile machst du unter einem kleinen Felsvorsprung eine Verschnaufpause. Im Schatten des mächtigen Berges fühlst du tiefen Frieden in dir.

(An dieser Stelle reichen etwas 30 Sekunden Pause.)

Gerade, als du dem Weg weiter folgen willst, entdeckst du einen versteckten Pfad im Berg.

Du bist neugierig und folgst dem Pfad einige Schritte. Nach einem Moment erkennst du am Ende des Pfads den Eingang in eine große Höhle.

Deine innere Stimme ermutigt dich einzutreten, und auch deine Abenteuerlust ist geweckt, und so gehst du in die Höhle hinein.

Im Inneren ist es märchenhaft schön. Große Fackeln an den Wänden spenden ein angenehmes Licht. Der Boden fühlt sich an wie ein weicher, kuscheliger Teppich.

Du drehst dich um und siehst rechts und links vom Eingang zwei große Statuen stehen. Es sind „Fu Dogs", aus Asien stammende Hundestatuen, die den Eingang vor jeder negativen Energie bewachen. Das Paar hat die Macht, schlechte Einflüsse jeglicher Art fernzuhalten.

Du fühlst dich beschützt und gehst noch etwas weiter in die Höhle. Durch das Licht der Fackeln kannst du alles genau sehen.

So erkennst du nun, dass das Innere der Höhle aus reinem Amethyst besteht. Die violetten Spitzen glitzern im Fackelschein. Die Atmosphäre hat etwas Magisches an sich.

Berühre die Steine. Streiche sanft über ihre Oberfläche.

(Lass dir zwischen den einzelnen Fragen einen Moment Zeit und nimm einen tiefen Atemzug, bevor du weiterliest.)

Wie fühlt sich der Stein an?
Ist er warm oder kalt?
Fühlt er sich weich an oder rau?

Ganz gleich, was du fühlst, bei der Berührung erwacht dein Geist zu neuem Leben. Diese Berührung schenkt dir, deinem Geist und deiner Seele Gerechtigkeit, Willenskraft und Wahrhaftigkeit.

(An dieser Stelle reichen etwas 30 Sekunden Pause.)

Gehe noch ein Stück weiter in das Innere der Höhle.

Nach einigen Metern kannst du einen großen Thron erken-
nen, der aus purem Amethyst gewachsen ist.

In deinem Herzen hörst du den Stuhl sagen:

„Ich habe auf dich gewartet. Nimm Platz und lass meine
Kraft auf dich übergehen."

Ohne zu zögern gehst du näher und setzt dich auf den Thron.
Er ist wie für dich geschaffen. Obwohl er aus Stein gewach-
sen ist, ist die Sitzfläche angenehm bequem.

Du legst deine Arme auf die Lehne, und der Stein beginnt in
violettem Licht zu leuchten. Dieses violette Leuchten durch-
strömt auch dich.

Nun kannst du sie spüren, die ganze Macht des Amethysts,
die in dich hineinfließt und durch dich hindurchströmt.

Jeglicher Schmerz, seelischer oder körperlicher Natur, der
sich in all den Jahren in deiner Seele angesammelt hat, kann
sich nun lösen. Du bist bereit, diesen Schmerz loszulassen.
Du bist bereit, mit diesem Schmerz abzuschließen.

Durch die Armlehnen fließt dieser Schmerz, den du bewusst
oder unbewusst mit dir herumgetragen hast, aus dir heraus
und versickert in dem Stein.

Der Amethyst saugt ihn auf, saugt ihn aus dir heraus. Und es bleibt nichts anderes in dir als tiefer, innerer Frieden.

(An dieser Stelle lass dir Zeit und lege eine Pause von mindestens einer Minute ein.)

Du spürst, dass etwas auf deinem Schoß liegt. Du schaust hin und erkennst einen Spiegel mit einem Amethyst-Griff. Du schaust hinein.

(Lass dir zwischen den einzelnen Fragen wieder einen Moment Zeit und nimm einen tiefen Atemzug, bevor du weiterliest.)

Was siehst du?
Was blickt dir aus dem Spiegel entgegen?
Neben allem, was du siehst, kannst du eins ganz klar erkennen:

(Lass dir zwischen den einzelnen Aussagen einen Moment Zeit und nimm einen tiefen Atemzug, bevor du weiterliest.)

Du bist stark!
Du hast Willenskraft!
Du bist gerecht!
Du hast die Kraft, fremde Einflüsse jeder Art abzuwehren!

(Hier reicht eine Pause von drei tiefen Atemzügen.)

Jetzt senkt sich langsam eine wunderschöne goldene Krone auf deinen Kopf. Sie ist mit Amethyst und anderen, traumhaft schönen Edelsteinen besetzt.

Mit jedem Verlust, den du erlebt hast, kannst du nun Frieden schließen. Ganz gleich, ob jemand dich und dein Leben freiwillig verlassen oder ob der Verlust durch den natürlichen Verlauf des Lebens stattgefunden hat.

Du erkennst, dass der Tod ganz natürlich und nur für die Hinterbliebenen traurig ist – die Seelen der Verstorbenen gehen in Frieden und mit Freude.

Vor dem Amethyst-Thron steht nun ein besonderer Mensch, der nur auf dich gewartet hat.

Du kannst diesen besonderen Menschen nun alles fragen, was du immer schon wissen wolltest, oder ihm einfach alles sagen, was dir auf der Seele liegt. Dieser Moment gehört nur euch beiden.

(An dieser Stelle lass dir Zeit und lege eine Pause von mindestens einer Minute ein.)

Nach einer Weile lässt das Leuchten des Throns nach, und du bist wieder allein.

Doch nicht ganz. Du kannst die Stimme des Amethyst-Throns erneut in deinem Herzen hören:
„Du bist, wer du bist, und genauso bist du richtig! Wenn du an dir zweifeln solltest, besuche mich in deinen Träumen. Ich bin immer für dich da."

(Mache noch ein letztes Mal eine Pause von drei tiefen Atemzügen.)

Voller Dankbarkeit kannst du nun aufstehen, denn es ist an der Zeit, nach Hause zurückzukehren.
Du gehst zurück zum Eingang der Höhle. Wenn du willst, kannst du dich noch einmal umdrehen und Abschied nehmen.
In deiner Hosentasche spürst du eine kleine Amethyst-Spitze. Es ist ein Abschiedsgeschenk der Höhle, damit du dir auch zu Hause deiner eigenen Kraft, Energie und Macht bewusst bist.
Du kehrst langsam auf den Pilgerweg zurück. Dort nähert sich trotz der strahlenden Sonne ein leichter violetter Nebel, den die anderen Suchenden nicht wahrnehmen können.
Der violette Nebel ist nur für dich. Und so umschließt er dich und bringt dich zurück in die Wirklichkeit.

Alle Erinnerungen an den Berg, seine Höhle und den Thron aus Amethyst sind fest in deinem Herzen verankert. Du weißt, dass du dort jederzeit herzlich willkommen bist.

Mit starker Energie aufgeladen, atmest du tief ein und wieder aus.

Konzentriere dich dabei erneut auf deinen Herzschlag und versuche, die rotierende Energie deines Kronenchakras erneut zu spüren.

Atme tief ein und wieder aus.

*Spüre deine ausgebreitete Aura und wie sich die amethystfarbene Energie weiter und immer weiter dreht – sie füllt dein ganzes Sein aus – du **bist** diese Energie.*

Atme bitte noch dreimal tief ein und wieder aus. Versuche währenddessen, deinen Körper wieder wahrzunehmen, ihn ganz bewusst zu spüren.

Nimm deine Finger, Hände und Arme wahr. Spüre eine angenehme Wärme in deinen Zehen, Füßen und Beinen.

Anschließend recke und strecke dich und öffne dann deine Augen wieder. Du bist willkommen im Hier und Jetzt!

Ein leuchtendes Juwel

In der Edelstein-Reise „Ein leuchtendes Juwel" begegnest du dem Citrin und seiner Lebensfreude. Versuche, während dieser Meditation deinem „inneren Kind" Freude und Spaß zu schenken und dein Nabelchakra mit neuem Selbstbewusstsein aufzuladen.

Bevor du beginnst, verteile bitte an jeden Teilnehmer einen kleinen Citrin, oder bitte deine Zuhörer im Vorfeld, sich einen Citrin mitzubringen.

Die Edelstein-Reise „Ein leuchtendes Juwel" dauert ungefähr 20 bis 25 Minuten.

Citrin

Der Citrin ist ein „leuchtendes Juwel" mit einer zauberhaften Ausstrahlung und einer feinen und trotzdem starken Energie.

* Schenkt uns Lebensfreude,
* macht uns selbstsicher,
* fördert den Wunsch nach neuen Erfahrungen,
* stärkt das Nabelchakra.

Ein leuchtendes Juwel

Nimm nun bitte den Citrin fest in deine Hand. Mache es dir anschließend so bequem wie möglich und schließe bitte deine Augen.

Konzentriere dich auf deine Atmung und atme tief und gleichmäßig durch. Versuche dabei, alle Gedanken, die dich beschäftigt haben, loszulassen.

Atme tief ein und wieder aus.

Lass dich von deinem Atem in eine tiefe Entspannung tragen.

Atme tief ein und wieder aus.

Jeder Atemzug führt dich tiefer in die Entspannung.

Atme tief ein und wieder aus.

Spüre die Energie des Steins in deiner Hand und versuche, diese goldgelbe Energie auch auf dich übergehen zu lassen.

Atme tief ein und wieder aus.

Durch die Energie des Citrins kann sich nun langsam in deinem Körper ein starkes Selbstwertgefühl ausbreiten.

Du fühlst, wie dein Körper sich durch dieses Selbstwertgefühl langsam aufrichtet und dadurch immer stärker und schöner wird.

Besonders im Bereich um deinen Bauchnabel kannst du sie spüren, die unbändige Energie deiner eigenen inneren Sonne und ihrer wohligen Wärme.

(An dieser Stelle reicht eine Pause von drei tiefen Atemzügen.)

Konzentriere dich nun bitte auf dein „leuchtentes Juwel" – dein Nabelchakra.
Spüre, wie es sich in deinem Energiekörper dreht und dabei versucht, mehr Energie anzuziehen, um sie dir zu schenken.
Nimm die wunderschöne goldgelbe Energie in dir wahr. Sie ist ein Teil von dir, auch wenn du dir dessen nicht bewusst bist.
Dein Nabelchakra ist kräftig und wächst. Blockaden, die sich im Laufe der Zeit dort angesammelt haben, werden dir nun bewusst, und es fällt dir leicht, diese jetzt aufzulösen.
Negative Gedanken und Gefühle kannst du nun in das leuchtende Licht deiner eigenen kraftvollen Energie senden und zusehen, wie sie sich auflösen.

(Hier reicht eine kleine Pause von ca. 30 Sekunden.)

Stell dir nun bitte vor, dass du dich an der Küste der griechischen Insel Kreta befindest.

Du stehst auf einem Hügel mit Blick auf ein kleines Fischerdorf. Die Sonne scheint angenehm warm auf dich herab. Die blauen Boote der Fischer treiben in der sanften Meeresbrise vor sich hin. Alles ist friedlich und entspannt.

Du magst den Blick kaum abwenden, spürst aber in dir ein leichtes Ziehen – dein Bauchgefühl, deine Intuition, will dir noch etwas zeigen.

Also wendest du dich dem Inneren der Insel zu und spazierst einen schmalen Weg entlang.

Du kommst an kleinen Bauernhöfen vorbei und siehst die Schafe friedlich auf den grünen Wiesen grasen. Der Himmel ist strahlend blau und mit einigen weißen Wattewölkchen getupft.

Die Landschaft wird immer grüner und üppiger. Die Bäume tragen saftige Früchte, und die Vögel singen ihr fröhliches Lied.

Nach einer Weile erkennst du, dass du mitten auf einer großen Zitronenplantage stehst. Die Bäume stehen in voller Pracht und verströmen einen frischen, fruchtigen Duft.

Voller Energie gehst du zwischen den Baumreihen umher.

Suche dir nun bitte einen Baum aus, der dir besonders gut gefällt. Dann geh zu deinem Baum und pflücke eine der vollen, reifen Zitronen.

In dem Moment, in dem du die Zitrone in der Hand hältst, steigen auf einmal deine Willenskraft und dein Selbstwertgefühl an. Sie füllen dich langsam, aber stetig aus, bis dein ganzes Sein davon erfüllt ist.

(An dieser Stelle mache eine kleine Pause und atme einmal tief durch.)

Mit dieser leuchtenden, gelbgoldenen Energie verbunden, läufst du über die Zitronenplantage. In deinem Inneren spürst du eine Vielzahl an Glücksgefühlen.
Du läufst und hüpfst, dein inneres Kind ist unbeschwert und voller Freude.
Du fühlst dich wie schon lange nicht mehr – die tief sitzende kindliche und unschuldige Freude strahlt durch dich hindurch.

(Hier reicht eine Pause von einem tiefen Atemzug.)

Während du läufst, wird deine Aufmerksamkeit auf einmal von einem unbekannten Glitzern gefangen genommen.
Du fühlst dich magisch davon angezogen und gehst langsam darauf zu.

Nach einigen Momenten erreichst du den Ursprung des Glitzerns. Ein großer, wunderschöner Citrin, der Stein der Lebensfreude, wächst mit kleinen goldgelben Spitzen aus einem Felsvorsprung am Rand der Plantage.

In deinem Inneren kannst du hören, wie der Citrin dich auffordert, dir eine kleine Spitze von ihm abzubrechen und mitzunehmen, damit du in schweren Zeiten immer einen treuen Begleiter hast, der dir wieder neuen Lebensmut schenken möchte.

Du suchst dir eine schöne Spitze aus, und wenn du den Citrin berührst, macht sich durch seine Energie in deinem Körper ein angenehmes Kribbeln breit.

Ganz leicht überlässt der Citrin dir ein Stück von ihm und seiner unerschöpflichen Energie.

Drücke deine Spitze nun fest an dein Herz und danke dem Stein für seine leuchtende Kraft.

(An dieser Stelle lass dir Zeit und lege eine Pause von drei tiefen Atemzügen ein.)

Dann läufst du wieder über die Plantage. Nichts kann dich mehr bremsen. Du bist wie der Citrin: ein leuchtendes Juwel.

(An dieser Stelle mache noch einmal einen tiefen Atemzug lang Pause.)

Auf einmal hörst du hinter dir ein leises Lachen. Du drehst dich um und siehst auf einem der vielen Zitronenbäume ein Männchen sitzen.

Du gehst darauf zu, und der kleine Mann sagt herzlich:

„Hey, du Menschenkind! Du bist ja ein ganz ulkiges Kerlchen. Aber wenn die Bäume und der Citrin dich beschenken, dann muss ich das wohl auch!"

Wie aus dem Nichts gezaubert, hält er dir einen kitschiggelben Traumfänger vor die Nase.

Dann erklärt das Männchen dir, dass der Traumfänger in der Nacht alle deine Träume einfängt, und die Sonnenstrahlen am nächsten Morgen deine Albträume zerstören. Die schönen Träume darfst du dann in der kommenden Nacht erleben.

Du nimmst den Traumfänger vorsichtig an. In diesem Moment macht es „Puff", und das Männchen ist verschwunden.

Jetzt, wo du wieder allein und reich beschenkt bist, beschließt du, dass es an der Zeit ist, Abschied zu nehmen.

Nun kannst du diesen kraftvollen Ort verlassen und in die Wirklichkeit zurückkehren.

Durch die Baumreihen der Plantage erkennst du den Weg zurück. Mit deinem Citrin, deiner Zitrone und deinem Traumfänger kehrst du heim.

(Mache bitte ein letztes Mal eine kleine Pause und atme dreimal tief durch.)

Konzentriere dich bitte erneut auf dein Nabelchakra. Spüre, wie es sich in deinem Energiekörper stärker denn je zuvor dreht.

Nimm die Energie voller Selbstwert, die ein dauerhafter Teil von dir ist, wieder wahr. Dein Nabelchakra ist kräftig, wunderschön und in diesem Moment absolut rein. Du bist frei von allen Blockaden.

Versuche, dich wieder auf deine Atmung zu konzentrieren.

Atme tief ein und wieder aus.

Alle Erinnerungen an die Reise und das freundliche Männchen sind klar und fest in deinem Herzen verankert.

Du kannst jederzeit auf deine eigene goldgelbe Energie zugreifen und daraus für den Alltag Kraft schöpfen.

Atme tief ein und wieder aus.

Spüre die selbstbewusste Energie, die dich durchströmt.

Kannst du den Stein, den Citrin, noch in deiner Hand spüren?

Atme nun bitte in deinem eigenen Rhythmus noch siebenmal tief ein und wieder aus.

Wenn du magst, kannst du dich auch recken und strecken oder sogar gähnen. Dann öffne deine Augen und kehre zurück ins Hier und Jetzt!

Das Blut der Erde

In der Edelstein-Reise „Das Blut der Erde" begegnest du der Lava und ihrer erdenden Wirkung. Du kannst mit der Kraft der Lava dein Wurzelchakra neu aufladen und so mehr Energie für deinen Alltag bekommen.

Bevor du beginnst, verteile bitte an jeden Teilnehmer ein kleines Stück Lava, oder bitte deine Zuhörer im Vorfeld, sich selbst etwas Lava mitzubringen.

Die Edelstein-Reise „Das Blut der Erde" dauert ungefähr 35 bis 40 Minuten.

Lava oder Basalt

Lava ist ein Vulkangestein, das aus heißem Magma, dem „Blut der Erde", entsteht. Sie kann uns im Alltag mit ihrer vielseitigen Energie unterstützen.

- Schenkt Urvertrauen,
- macht uns bodenständig,
- hilft, uns selbst besser zu verstehen,
- erdet uns,
- stärkt das Wurzelchakra.

Das Blut der Erde

Nimm bitte die Lava fest in deine Hand. Mache es dir anschließend so bequem wie möglich und schließe deine Augen.

Versuche, dich auf deine Atmung zu konzentrieren.

Atme tief ein und wieder aus.

Versuche dabei, alle Gedanken, die dich beschäftigt haben, loszulassen.

Atme tief ein und wieder aus.

Lass dich von deinem Atem in eine tiefe Entspannung tragen.

Atme tief ein und wieder aus.

Jeder Atemzug führt dich tiefer in die Entspannung.

Atme tief ein und wieder aus.

Spüre die Energie des Steins in deiner Hand und versuche, diese erdende Energie auch auf dich übergehen zu lassen.

Atme tief ein und wieder aus.

Durch die Energie der Lava kann sich nun langsam in deinem Körper eine angenehme Wärme breit machen. Du fühlst, wie sich dein Körper durch diese Wärme langsam aufbaut und dadurch immer kraftvoller und stärker wird.

Besonders in deinen Füßen kannst du sie spüren, die unbändige Lebenskraft, die durch die Erde in dich hineinströmt. Eine tiefe Woge der Ruhe hüllt dich dabei sanft ein.

(An dieser Stelle lass dir Zeit und lege eine Pause von drei tiefen Atemzügen ein.)

Konzentriere dich nun bitte auf dein Wurzelchakra. Spüre, wie es sich in deinem Energiekörper dreht und dabei versucht, mehr Energie anzuziehen, um sie dir zu schenken.

Nimm die feurig rote Energie deines Wurzelchakras wahr. Sie ist ein Teil von dir, auch wenn du dir dessen nicht immer bewusst bist.

Dein Wurzelchakra ist kräftig, und es wächst. Blockaden, die sich im Laufe der Zeit dort angesammelt haben, werden dir nun bewusst, und es fällt dir leicht, sie aufzulösen.

Negative Gedanken und Gefühle kannst du nun in das feurige Licht deiner eigenen kraftvollen Energie senden und dabei zusehen, wie sie sich langsam auflösen.

(Mache an dieser Stelle bitte eine Pause von drei tiefen Atemzügen.)

Stell dir nun bitte vor, wie du an einem Strand stehst. Die Sonne scheint angenehm warm auf dich herab. Große Wellen brechen sich an dem weißen, feinen Sandstrand, und Surfer reiten voller Lebensfreude diese Wellen.

Majestätische Möwen begrüßen dich mir ihrem freundlichen Geschrei.

Dein Weg hat dich bis nach Hawaii, dem Land der Vulkane, gebracht. Hier ist Pele, die große Feuergöttin, zu Hause.

Geh einige Schritte am Stand entlang, genieße die Wärme der Sonne und das herzliche Lachen der Kinder. Die Luft ist frisch und der Himmel klar und strahlend blau.

(An dieser Stelle solltest du eine Pause von ca. 30 Sekunden machen.)

Dein Blick fällt auf einen verdeckten Pfad, du wirst neugierig und folgst ihm ins Innere des magischen Landes.

Nach einigen Schritten wird dein Weg steiler, und auch die Bepflanzung nimmt zu, doch ohne Mühe folgst du deinem Weg.

Du gehst mit beschwingtem Herzen weiter, und das Zwitschern der exotischen Vögel gibt dir dabei den Takt vor.

Mittlerweile säumen große Bäume deinen Weg. Du hast das Gefühl, immer mehr Teil dieses tropischen Waldes und seiner kleineren und größeren Bewohner zu werden.

Bleib bitte kurz stehen und spüre deine Verbundenheit mit diesem Ort. Es ist fast so, als ob er auf dich gewartet hätte. So, als wäre ein Teil deiner Seele hier zu Hause.

Schau zu deinen Füßen hinunter und sieh, wie du dich wie ein Baum verwurzelst. Rote Energiebahnen wachsen aus deinen Füßen heraus. Sie verankern sich in der schwarzen, fruchtbaren Erde.

Über diese Energiebahnen kannst du jederzeit auf einen unerschöpflichen Vorrat an Energie und Urvertrauen zurückgreifen.

(Hier solltest du eine Pause von drei tiefen Atemzügen machen, bevor du weiterliest.)

Ein kleiner orange-schwarzer Schmetterling, ein Monarchfalter, setzt sich auf deine Schulter. Du schaust ihn an – er ist faszinierend und wunderschön.

Dann steigt er wieder in die Luft und nimmt kurz darauf auf deiner Nase Platz. In deinem Inneren spürst du, dass er dir den weiteren Weg weisen wird. Du atmest noch einmal tief durch und folgst dann dem kleinen Tagfalter durch den Regenwald.

Dein Weg steigt weiter an, aber auch jetzt bereitet es dir keine Schwierigkeiten, ihm zu folgen. Du gehst immer weiter durch den Regenwald.

Nach einer Weile bleibst du noch einmal stehen und siehst du dich genauer um.

Hinter den Bäumen versteckt, erkennst du eine Klippe, und auf der anderen Seite des Berges kannst du den Kīlauea, den mächtigen, aktiven Vulkan, erkennen. Hier ist die Wohnstätte der hawaiianischen Göttin Pele.

Am Hang des Kīlauea fließt zähe rot-schwarze Lava in das Tal.

Du spürst die Stabilität der Erde und weißt, dass du ein wichtiger, lebendiger Teil davon bist.

Geh vorsichtig noch etwas näher an die Klippe heran. Genieße den einmaligen Blick.

Aus dem roten Blut der Erde entsteht ständig neues Leben, auch, indem Altes zerstört wird. Nutze nun diese Kraft und wirf symbolisch deine negativen Gefühle hinein.

(Lies jeden Satz bitte langsam und laut vor und lass zwischen den Sätzen einen tiefen Atemzug verstreichen.)

All deine Selbstsucht.
Deinen gesamten Egoismus.
Alle deine kleinen und großen Ängste.
Jede auch noch so kleine depressive Energie.

(Jetzt kannst du „normal" weiterlesen.)

Wenn du möchtest, kannst du auch deine negativen Gedanken und einengenden Gefühle aus dir herausschreien. Trau dich. Es ist ganz einfach – niemand kann dich sehen oder hören. Nur du und die Natur sind an diesem Ort.

Du kannst nun vor deinem geistigen Auge erkennen, wie alle deine belastenden Themen sich in der heißen Lava auflösen.

Durch die Energie des „Blutes der Erde" lädt sich dein Wurzelchakra mit neuer, positiver und sehr starker Energie auf.

(Hier solltest du mindestens eine Minute Pause machen.)

Wenn du bereit bist, deinen Weg weiterzugehen, hörst du eine weibliche Stimme deinen Namen rufen.

Von der anderen Seite des Berges kommt nun Pele auf dich zugeschwebt. Sie bleibt vor dir stehen und hängt dir eine Lei – eine typisch hawaiianische Blumenkette – mit duftenden Orchideen – um den Hals.

Dann reicht sie dir eine Hand, um dich auf die andere Seite des Vulkans mitzunehmen. Dort sollst du dir ein Stück erkaltete Lava aussuchen, das dich immer begleitet.

Gemeinsam schwebt ihr über den Abgrund, doch du hast keine Angst. An Peles Seite fühlst du dich stark, frei und beschützt.

Sanft landest du in einem Feld voller kalter Lava. Die Steine wirken unscheinbar, doch voller Kraft.

Geh über das Feld und suche dir einen Stein aus. Bücke dich und berühre die Steine.

Wie fühlen sie sich an? Sind sie leicht und porös? Sind sie rau?

Dann entdeckst du es – dein Stück Lava. Heb es auf und lege deine Hand mit der Lava fest auf dein Herz. Du kannst die Energie spüren und in dein eigenes Energiefeld aufnehmen.

(Lies jedes der nachfolgenden Worte langsam und laut vor und nimm dazwischen einen tiefen Atemzug.)

Seelische Stabilität • Urvertrauen • Erdverbundenheit • Dynamik • unendliche Lebenslust.

(Mache jetzt bitte noch einmal eine Pause von mindestens einer Minute.)

Du spürst, dass langsam für dich die Zeit gekommen ist, Abschied zu nehmen. Wenn du möchtest, kannst du Pele umarmen und dich bei ihr für ihre Hilfe und die schöne Blumenkette bedanken.

Konzentriere dich nun bitte erneut auf dein Wurzelchakra. Spüre, wie es sich in deinem Energiekörper stärker denn je dreht. Nimm die feurig rote Energie, die nun ein dauerhafter und beständiger Teil von dir ist, wieder wahr.

Dein Wurzelchakra ist kräftig, wunderschön und in diesem Moment absolut rein. Du bist frei von allen Blockaden.

Versuche, dich wieder auf deine Atmung zu konzentrieren.

Atme tief ein und wieder aus.

Alle Erinnerungen an die vergangene Reise, an den Vulkan, die Feuergöttin Pele und den kleinen Monarchfalter sind klar und fest in deinem Herzen verankert.

Du kannst jederzeit auf deine ureigene rote Energie zugreifen und daraus für den Alltag Kraft schöpfen.

Atme tief ein und wieder aus.

Spüre die Lebensenergie, die dich durchströmt. Kannst du das Stück Lava noch in deiner Hand spüren?

Atme nun bitte noch siebenmal in deinem eigenen Rhythmus tief ein und wieder aus.

Wenn du magst, kannst du dich recken und strecken oder sogar gähnen. Dann öffne deine Augen wieder und kehre ganz ins Hier und Jetzt zurück.

Im Traumland

In der Edelstein-Reise „Im Traumland" begegnest du dem grünen Aventurin und seiner stresslindernden Energie. Dieser kleine Quarz kann dir dabei helfen, stressige Situationen zu erkennen und diese dann gemeinsam mit dir aufzulösen.

Bevor du beginnst, verteile bitte an jeden Teilnehmer einen kleinen grünen Aventurin, oder bitte deine Zuhörer im Vorfeld, sich selbst einen Stein mitzubringen.

Die Edelstein-Reise „Im Traumland" dauert ungefähr 20 bis 25 Minuten.

Grüner Aventurin

Der grüne Aventurin – ein fuchsithaltiger Quarz – gilt auch als der Stein der Unbeschwertheit.

- Lindert Nervosität und Stress,
- hilft, Sorgen und kreisende Gedanken loszulassen,
- unterstützt, Vorhaben in Ruhe und gut überlegt anzugehen,
- verbessert den nächtlichen Schlaf.

Im Traumland

Nimm bitte deinen grünen Aventurin fest in die Hand und mache es dir anschließend so bequem wie möglich.

Schließe nun deine bitte Augen und versuche, dich ganz auf deine Atmung zu konzentrieren.

Atme tief ein und wieder aus.

Ignoriere die Geräusche deiner Umwelt, in diesem Moment bist nur du wichtig.

Atme tief ein und wieder aus.

Beobachte, wie sich dein Brustkorb mit jedem Atemzug hebt, sich ausdehnt und dann wieder senkt.

Atme entspannt tief ein und wieder aus.

Konzentriere dich nun auf deinen Herzschlag. Spüre, wie er mit jedem weiteren Atemzug langsamer und kräftiger wird.

Atme tief ein und wieder aus.

(Mache an dieser Stelle drei tiefe Atemzüge lang Pause.)

Stell dir nun bitte vor, wie du in deinem Bett liegst. Du hast deinen Lieblingspyjama oder dein Lieblingsschlafshirt an, und dir ist kuschelig warm. Alles um dich herum ist dir vertraut und wirkt unendlich friedlich.

Plötzlich siehst du eine Tür, die vorher nicht da war. Sie ist aus dem Nichts erschienen. Neugierig stehst du auf und schlüpfst in die bequemen Hausschuhe, die vor deinem Bett stehen. Sie passen perfekt und sind weich und warm.

Du gehst auf die neue Tür zu, drehst den Schlüssel und öffnest sie nach kurzem Zögern. Der Schlüssel ist aus einem kräftig grünen Aventurin gefertigt und fühlt sich wunderbar in deiner Hand an. Du ziehst ihn ab, und mit ihm an deiner Seite fühlst du dich bereit, durch die Tür hindurchzugehen.

Auf der anderen Seite findest du einen langen Korridor, von dem aus viele andere Türen abgehen. Die Türen führen in die Träume anderer Menschen, und dort kannst du ihnen Dinge sagen, die du in der Realität nicht sagen möchtest oder vielleicht noch nicht sagen kannst. Du schließt deine Tür leise hinter dir und erkundest den Korridor.

Welche der anderen Türen spricht dich an? Gibt es eine, die du besonders interessant findest?

Dort ist eine einfache blaue Tür mit einem schlichten Griff. Auf der gegenüberliegenden Seite siehst du eine rote Holztür. Und dort eine schwere Eichentür mit alten Messingbeschlägen. Durch welche Tür willst du gehen? Such dir eine aus.

(Mache an dieser Stelle bitte eine Pause von drei tiefen Atemzügen.)

Du öffnest die Tür langsam und trittst vorsichtig ein. Dieser Traum gehört einem Menschen, der dir im Berufsleben Stress oder Ärger bereitet. Hier und jetzt und mit der Kraft deines Aventurin-Schlüssels kannst du ihm sagen, was dich belastet und dir alle Sorgen von der Seele reden. Dieser Mensch wird dir hier respektvoll gegenübertreten und dir geduldig zuhören.

(Mache an dieser Stelle bitte eine Pause von mindestens einer Minute.)

Wenn du dir allen Stress von der Seele geredet hast und ihr gemeinsam Frieden geschlossen habt, kannst du durch die Tür zurück in den Korridor gehen.
Atme einmal tief durch. Der Aventurin ist ein treuer Begleiter, und so gestärkt kannst du dir die nächste Tür aussuchen.

(Mache an dieser Stelle bitte eine Pause von drei tiefen Atemzügen.)

Der nächste Traum gehört jemandem aus deinem Freundeskreis. Jemandem, den du sehr gern hast, der aber leider wie ein kleiner Vampir an deinem Energievorrat saugt und dir manchmal kaum Luft zum Atmen lässt.

*Doch heute kannst du diesem Vampir eine klare Grenze set-
zen. Nur Mut, der Aventurin ist an deiner Seite. Sag deinem
Energievampir, was dich stört und belastet oder wie sehr es
dich verletzt, manchmal ausgenutzt zu werden. Hier wird
er dich verstehen und dir versprechen, in Zukunft auf seine
Handlungen dir gegenüber mehr zu achten.*

(Mache an dieser Stelle bitte eine Pause von mindestens
einer Minute.)

*Wenn ihr euch ausgesprochen und versöhnt habt, kannst du
wieder zurück in den Korridor gehen. Spüre den Aventurin.
Ist er warm? Fühlt er sich gut an in deiner Hand? Sein Vorrat
an Kraft ist noch nicht aufgebraucht, und so bist du bereit,
durch eine letzte Tür zu treten.*
Atme tief durch und suche dir eine letzte Tür aus.

(Mache an dieser Stelle bitte eine Pause von drei tiefen
Atemzügen.)

*In diesem Traum findest du ein Mitglied deiner Familie. Je-
manden, mit dem du häufig Streit hast oder der ständig anderer Meinung ist. Vielleicht aber auch ein Teil deiner Familie, von dem du dich nicht wertgeschätzt oder geliebt fühlst.*

Durch die Hilfe des grünen Aventurins gibt es heute kein bö-
ses Wort. Jetzt seid ihr euch einig und könnt offen über eure
Gefühle sprechen. Ihr seid beide Teil einer Familie und ver-
sprecht euch, in Zukunft respektvoller, achtsamer und liebe-
voller zueinander zu sein.
Umarmt euch und lasst allen Stress, Ärger und alle Konflikte
einfach hinter euch. Ihr habt einen gemeinsamen Neuan-
fang verdient.

(Mache an dieser Stelle bitte eine Pause von mindestens
einer Minute.)

Wenn du bereit bist, verabschiede dich. Gehe durch die Tür
zurück in den Korridor.
Atme einmal tief durch und geh dann auf deine Tür zu. Hat
sie sich verändert? Sieht sie irgendwie anders aus?
Auf jeden Fall wirkt sie jetzt stabiler, ihre Schlösser sind
sicherer. So, wie du, denn auch du hast dich verändert –
du bist kräftiger, hast deutlichere Grenzen und bist voller
Selbstvertrauen und Energie.

(Mache bitte eine kurze Pause von einem tiefen Atemzug.)

Geh nun zurück nach Hause in deinen eigenen Traum. Du bist bereit für einen neuen Tag – mit all seinen Anforderungen.

Konzentriere dich bitte wieder auf deinen Herzschlag. Spüre, wie er mit jedem weiteren Atemzug kräftiger wird.

Atme tief ein und wieder aus.

Alle Erinnerungen an deine Erlebnisse sind fest in dir verwurzelt. Du hast nun auch in der Realität genug Energie, um dich jeder stressigen Situation zu stellen.

Achte auf deinen Brustkorb, er hebt und senkt sich mit jedem weiteren Atemzug in einem friedlichen und doch starken Takt.

Atme tief ein und wieder aus.

Spüre so langsam deinen Körper wieder. Deine Finger, Hände und Arme. Spüre auch deine Zehen, Füße und Beine.

Atme nun bitte noch dreimal in deinem eigenen Rhythmus tief durch.

Recke und strecke dich, wenn du möchtest, kannst du auch gähnen. Dann öffne deine Augen wieder und kehre ganz in die Wirklichkeit zurück.

Die Erzengel

In der Edelstein-Reise „Die Erzengel" begegnest du dem schwarzen Turmalin und seiner schützenden Energie. Der Turmalin, der auch Schörl genannt wird, ist ein klassischer Schutzstein und bewahrt uns vor negativen äußeren Einflüssen.

Bevor du beginnst, verteile bitte an jeden Teilnehmer einen kleinen schwarzen Turmalin, oder bitte deine Zuhörer im Vorfeld, sich selbst einen Turmalin mitzubringen.

Die Edelstein-Reise „Die Erzengel" dauert ungefähr 30 bis 35 Minuten.

Schwarzer Turmalin oder Schörl

Der Schörl ist bekannt als der Stein der Neutralität. Seine vielseitigen Kräfte können uns im Alltag beschützen und vor negativen Energien bewahren.

- Lindert Stress,
- fördert Gelassenheit,
- schützt vor äußeren Einflüssen,
- macht logisch und rational.

Die Erzengel

Nimm bitte deinen Turmalin fest in die Hand und mache es dir so bequem wie möglich. Schließe nun deine Augen und atme tief ein und wieder aus.

Lass dich von deinem Atem in eine tiefe Entspannung tragen.

Atme tief ein und wieder aus.

Nur du – dein Körper, dein Geist und deine Seele – bist jetzt wichtig.

Versuche, die Geräusche deiner Umwelt zu ignorieren und deinen Alltag hinter dir zu lassen.

Atme tief ein und wieder aus.

Jeder weitere Atemzug führt dich tiefer in einen Zustand der Entspannung.

Atme tief ein und wieder aus.

Du kannst fühlen, wie dein Körper durch die Kraft deiner Atmung immer leichter und dadurch immer freier wird.

Atme tief ein und wieder aus.

Genieße die Stille und sei ganz bei dir selbst.

Atme noch einmal tief ein und wieder aus.

(Mache an dieser Stelle bitte eine Pause von drei Atemzügen.)

Visualisiere nun vor deinem inneren Auge eine schöne, große Waldlandschaft.

Nur wenige der majestätischen Bäume tragen noch ihr volles Kleid. Bei jedem Schritt raschelt das Laub unter deinen Füßen.

Du gehst langsam durch diesen Wald und nimmst die himmlische Atmosphäre, die besondere Energie in dich auf.

Der Wald hat eine märchenhafte Ausstrahlung, und die Vielfalt der Bäume, das Zwitschern der Vögel und der warme, erdige Duft sorgen dafür, dass du dich wohl und geborgen fühlst.

Du gehst weiter durch den Wald, und in der Abenddämmerung gelangst du zu einer kleinen, versteckten Lichtung.

Im leichten Nebel verdeckt, entdeckst du die Ruine einer Kirche.

Die Kraft, mit der dieses Bauwerk errichtet wurde, lässt dich staunen. Efeu rankt sich um die alten Steinblöcke und umschlingt sie. Eine alte Treppe führt ins Nichts, und die wunderschönen bunten Fensterscheiben sind zerbrochen.

Dieser alte und zerstörte Ort ist so voller Frieden, dass diese Stimmung auch dein Herz erreicht.

(An dieser Stelle solltest du einen tiefen Atemzug lang Pause machen.)

Zu deiner Rechten siehst du die Sonne in der Abendröte untergehen, und zu deiner Linken geht sanft der Vollmond auf. Direkt über der alten Ruine erstrahlt der Abendstern.

Du kannst einen zarten Nebel in bunten Farben erkennen, der sich sanft durch das Kirchenschiff bewegt. Neugierig trittst du näher.

Du möchtest sehr gerne wissen, was sich auf der anderen Seite des Kirchenschiffs befindet, doch der farbige Nebelschleier versperrt dir den Blick.

Trau dich, geh auf den Nebel zu und durchschreite die Macht der Farben.

(Lies jeden der folgenden Sätze langsam und laut vor und mach zwischen den Farben zwei tiefe Atemzüge lang Pause.)

Du badest im klaren Weiß der Reinheit.
Du saugst das strahlende Goldgelb der Fülle in dich hinein.
Du nimmst das zarte Rosarot der Gefühle auf.
Du lässt das kräftige Rot der Tatkraft in dich eindringen.
Du öffnest dich dem dunklen Grün der Gesundheit.
Du durchschreitest das satte Blau des Schutzes.
Schließlich erstrahlt das dunkle Violett der spirituellen Energie in dir.
Du nimmst alle diese Farben und ihre Kraft in dich auf.

(Mach noch einmal einen tiefen Atemzug lang Pause.)

Allmählich lichtet sich das Violett. Du hast die andere Seite erreicht und blickst dort in die freundlichen Augen eines Engels.

Seine mächtigen weißen Flügel haben einen unbeschreiblich schönen Glanz. Nie zuvor hast du etwas so Schönes gesehen.

Der Engel begrüßt dich herzlich mit deinem Namen und lädt dich ein, ihn ins Reich der Engel und Erzengel zu begleiten. Nur zu gerne folgst du dieser Einladung.

Er reicht dir seine Hand und öffnet – nur mit seinem Lächeln – den Weg. Seine Flügel spürst du schützend in deinem Rücken.

An der Seite des Engels erreichst du einen hell erleuchteten Raum, in dem sich zahlreiche Erzengel befinden. Sie sitzen zusammen oder stehen in kleinen Gruppen beisammen und unterhalten sich.

(Lies jeden der folgenden Sätze langsam vor und mach zwischen den Erzengeln einen tiefen Atemzug lang Pause.)

Du kannst Erzengel Gabriel erkennen. Seine weiße Energie steht für Reinheit, Klarheit und den Mut, einen Neuanfang zu wagen.

Daneben entdeckst du Erzengel Jophiel. Mit seiner leuchtenden goldgelben Kraft kann er die Freude am Leben neu erwecken.

Gegenüber sitzt Erzengel Chamuel. Durch die Kraft seines rosaroten Lichtstrahls können verdrängte oder versteckte Gefühle wieder freigelassen werden.

Du siehst Erzengel Uriel. Das rote Licht seiner Essenz bringt Stärke, Tatkraft und fehlendes Selbstvertrauen ins Leben der Menschen.

Jetzt gesellt sich Erzengel Raphael dazu. Heilung und Regeneration sind die Geschenke seines grünen Farbstrahls an die Menschheit.

Nun erkennst du Erzengel Michael mit seinem Flammenschwert. Sein blauer Lichtstrahl verwandelt Angst in Mut und schützt jede Seele vor negativen Energien.

Der letzte, den du erkennst, ist Erzengel Zadkiel. Seine violette Flamme kann uns von dunklen Anteilen befreien, die sich im Lauf unseres Lebens auf unsere Seele gelegt haben.

Die Erzengel und ihre Farbenergien lassen dich staunen, und in ihrer Gegenwart spürst du ein tief sitzendes Gefühl von Liebe, Freundschaft und Geborgenheit.

(Mach noch einmal einen tiefen Atemzug lang Pause.)

Nun kommt Erzengel Michael direkt auf dich zu. Seine großen Engelschwingen schillern in kühlen Blautönen. Er nickt
dir kurz zu und streckt dir dann seine Hand entgegen.

In seiner Hand liegt ein schlichter und doch wunderschöner
schwarzer Turmalin. Michael spricht:

„Dieser Stein enthält meine Energie und soll dich in deinem
Alltag vor negativen Energien und Angriffen von außen bewahren. Trage diesen Stein und bewahre unsere gemeinsame Kraft in deinem Herzen, sodass du und deine Seele
geschützt seid alle Tage deines Lebens."

Du nimmst den Stein an, hältst ihn fest an dein Herz und
spürst die ungebändigte Energie auf dich übergehen.

(Lies jeden der folgenden Sätze langsam und laut vor und
mach dazwischen einen tiefen Atemzug lang Pause.)

Du bist nun bereit, den Menschen, die versuchen, dir zu
schaden, voller Kraft entgegenzutreten.

Du bist nun bereit, wenn Neid, Hass und Eifersucht dir begegnen.

Du bist nun bereit, voller Stärke auch durch schwierige Situationen zu gehen.

Du bist bereit, niemals – wirklich niemals – die Hoffnung
aufzugeben.

Du dankst Erzengel Michael von Herzen, und wieder nickt er dir kurz zu. Dann geht er fort.

Einer der anderen Erzengel hat noch ein persönliches Wort für dich, einen Ratschlag oder vielleicht sogar eine Botschaft. Fühle in dein Herz und geh dann direkt auf diesen Erzengel zu.

(Hier solltest du mindestens eine Minute Pause machen.)

Voller Freude und Dankbarkeit über den Schatz, den du hier gefunden hast, bist du nun bereit, Abschied von den strahlenden Erzengeln zu nehmen.

Der Engel vom Beginn deiner Reise ist immer noch an deiner Seite und weist dir den Weg zurück in deine Welt, die Welt der Menschen.

Hinter dir kannst du die Erzengel im Chor singen hören, und der Gesang erfüllt dein Herz. Du weißt nun, dass du hier Freunde hast, auf die du dich immer verlassen kannst. Die Energie der Engel und Erzengel ist immer an deiner Seite – in leichten Stunden und an dunklen Tagen.

Du verabschiedest dich von dem Engel, der dich begleitet hat. Wenn du möchtest, kannst du ihn auch umarmen oder ihm über seine wunderschönen Flügel streicheln.

(Mach bitte noch einmal eine kleine Pause und atme zweimal tief durch.)

Du siehst den farbigen Nebel wieder und bist bereit, nach Hause zurückzukehren. Erneut durchschreitest du den Farbnebel.

(Lies jeden der folgenden Sätze langsam und laut vor und mach zwischen den Farben einen tiefen Atemzug lang Pause.)

Das dunkle Violett der spirituellen Energie erstrahlt in dir.
Das satte Blau des Schutzes ist ein Teil deines Selbst.
Du hast dich dem dunklen Grün der Gesundheit geöffnet.
Das kräftige Rot der Tatkraft ist in dir verwurzelt.
Das zarte Rosarot der Gefühle leuchtet in deinem Herzen.
Du bist mit strahlender goldgelber Fülle ausgestattet.
Du badest im klaren Weiß der Reinheit.

(Jetzt kannst du normal weiterlesen.)

Du kommst wieder auf der anderen Seite an, die Ruine der alten Kirche ist noch da und erstrahlt in heiligem Licht.
Du fühlst dich wach und erfrischt. Alle Erinnerungen an die Erzengel, deinen Turmalin und deine persönliche Botschaft sind klar und deutlich.

Atme nun bitte wieder bewusst ein und aus.

Spüre dabei deinen Körper. Bist du warm? Spürst du ein leichtes Kribbeln. Geht es dir gut?

Atme tief ein und wieder aus.

Nimm dabei auch die Geräusche und Gerüche deiner Umwelt wahr.

Atme bitte noch dreimal in deinem eigenen Rhythmus tief ein und aus.

Wenn du möchtest, kannst du dich recken oder gähnen. Wenn du so weit bist, öffne deine Augen wieder und komme ganz im Hier und Jetzt an.

Am Heilteich

In der Edelstein-Reise „Am Heilteich" begegnest du dem Epidot und seiner Regenerationskraft. Du kannst dir während dieser Reise alte belastende Muster von deinem Körper und deiner Seele waschen und dabei deine Selbstheilungskräfte mit der Hilfe des Epidots stärken.

Bevor du beginnst, verteile bitte an jeden Teilnehmer einen kleinen Epidot, oder bitte deine Zuhörer im Vorfeld, sich selbst einen Stein mitzubringen.

Die Edelstein-Reise „Am Heilteich" dauert ungefähr 25 bis 30 Minuten.

Epidot oder Unakit

Der Epidot kann uns allein mit seiner Farbkombination und seiner Musterung faszinieren. Erlaube dem „Stein der Genesung", deine Selbstheilungskräfte zu aktivieren und zu stärken.

* Wirkt aufbauend und stärkend,
* lehrt, sich selbst nicht wegen begangener Fehler abzuwerten,
* hilft, bei Fehlschlägen nicht in Frustration zu verfallen,
* fördert die Regenerationskraft und beschleunigt Heilungsprozesse.

Am Heilteich

Nimm nun bitte den Epidot fest in deine Hand und mache es dir so bequem wie möglich. Schließe deine Augen und konzentriere dich auf deinen Herzschlag.

Kannst du spüren, wie dein Herz schlägt? Kannst du den kraftvollen Takt wahrnehmen, den dein Körper vorgibt?

Lausche und atme dabei tief ein und wieder aus. Mach Platz in deinem Bauch und lass den Atem durch deinen Körper strömen.

Atme tief ein und wieder aus.

Dein Bauch hebt und senkt sich mit jedem Atemzug. Dein Körper erlaubt sich, den Platz einzunehmen, der ihm zusteht.

Atme tief ein und wieder aus.

Achte nun wieder auf deinen Herzschlag. Kannst du spüren, dass dein Herz ruhiger und kraftvoller schlägt als zuvor?

Die Ruhe und Tiefe deiner Atmung wirken sich nicht nur auf dein Herz aus, sondern dein ganzer Körper kann nun entspannen.

Atme noch einmal tief ein und wieder aus.

Genieße die sanfte Ruhe, die dich durchströmt.

(Mache hier bitte eine Pause von drei Atemzügen.)

Stell dir nun bitte vor, wie du inmitten eines großen Waldes stehst. Die alten, großen Bäume verschatten den Waldboden. Es raschelt bei jedem deiner Schritte unter deinen Füßen. In der Ferne kannst du eine Eule rufen hören. Es ist fast wie im Märchen, und du bist mitten in dem verwunschenen Wald.
Du gehst weiter zwischen den Bäumen entlang und siehst auf deinem Weg viele Pilze. Kleine und große, giftige und essbare. Du bist froh über deine kuschelige Jacke, denn hier ist es doch etwas frisch.
Nach einer Weile, du fühlst dich fast schon etwas verloren, spürst du die Gegenwart eines anderen Wesens. Du schaust dich um und siehst neben einer alten knorrigen Eiche einen Wolf sitzen.

(An dieser Stelle solltest du ein oder zwei tiefe Atemzüge Pause machen.)

Der Wolf erhebt sich und humpelt langsam auf dich zu. Du hast keine Angst, in deinem Inneren spürst du, dass der Wolf auf dich gewartet hat.
Er bleibt vor dir stehen und spricht zu dir:

„Lieber Mensch, kannst du mir bitte helfen? Ich habe einen Splitter in der Pfote und kann ihn alleine nicht entfernen."
Du gehst vor dem Wolf in die Hocke, und er hebt seine verletzte Pfote. Du kannst den Splitter sofort sehen und entfernst ihn langsam, vorsichtig und sehr behutsam.

(An dieser Stelle solltest du ein oder zwei tiefe Atemzüge Pause machen.)

„Danke, lieber Mensch!", sagt der Wolf. „Für deine Hilfe will ich dir den Weg zu unserem Heilteich zeigen."
Der Wolf leckt sich über die Pfote und gibt dir dann den Weg vor.
Nach einer Weile kommt ihr an einer versteckten Lichtung vorbei, und mitten auf dieser Lichtung liegt ein kleiner Teich. Ein alter Holzsteg führt direkt auf die Mitte des sehr flachen Gewässers.
Der Wolf stupst dich mit der Schnauze an und sagt: „Komm, hier wird uns geholfen." Du bist etwas skeptisch, folgst aber dem Wolf zum Teich.
Dein pelziger neuer Freund geht ans Ufer, setzt zu einem Sprung an und steckt seine verletzte Pfote ins Wasser. Nur ein Augenblick verstreicht, und dann siehst du, wie der Wolf voller Freude über die Lichtung rennt und tobt.

All sein Schmerz hat sich aufgelöst, und seine Wunde ist vollständig verheilt.

Du kannst ihn dabei beobachten, wie er seine wiedergefundene Heilung genießt.

„Nun bist du an der Reihe", sagt der Wolf. „Setz dich auf den Steg, zieh deine Schuhe und die Socken aus und kremple deine Hose hoch. Dann kannst du dir alte und auch neue Blockaden von den Füßen waschen."

Neugierig auf die Wirkung, folgst du Isegrims wölfischen Anweisungen.

(Mach bitte ein oder zwei tiefe Atemzüge lang Pause.)

Barfuß und mit hochgekrempelter Hose sitzt du nun am Rand des Stegs und tauchst erst vorsichtig nur einen Zeh ins Wasser des Heilteichs.

Das Wasser ist angenehm warm und so sauber, dass du den Grund des Teichs sehen kannst. Der Grund besteht nicht aus Erde oder Sand, sondern aus einem riesigen Epidot. Die rosafarbenen Flecken der Steine und die Maserungen sind klar zu erkennen und strahlen eine Energie der Hoffnung aus.

Du wirst mutiger, steckst nun beide Füße ins Wasser und wäschst dir den Ballast des Alltags und Blockaden deiner Seele von den Füßen.

(An diesem Punkt solltest du mindestens 30 Sekunden Pause machen.)

Dann entdeckst du eine Leiter, die in den Teich hinein führt, und da sich das Wasser so gut anfühlt, entschließt du dich spontan, in den flachen Teich zu steigen.

(Lies jeden der folgenden Sätze bitte ganz ruhig und machen zwischen ihnen jeweils drei Atemzüge Pause.)

Du betrittst die erste Sprosse der Leiter und spürst, wie du allen seelischen und körperlichen Schmerz loslassen kannst.
Du betrittst die zweite Sprosse, und dort fällt die Angst vor Krankheiten von dir ab.
Du betrittst die dritte Sprosse und lässt all deine Wut über mangelnde Gesundheit los.
Du betrittst die vierte Sprosse, jetzt öffnen sich bei dir die Selbstheilungskräfte.
Du betrittst die fünfte Sprosse, dort wird dir bewusst, was es bedeutet, wahr und wahrhaftig heil zu sein.

Nun bist du im Wasser. Es reicht nur bis an deine Knie, und du kannst bequem stehen. Der Boden aus Epidot fühlt sich unter deinen nackten Füßen sehr angenehm an.

Du bist bereit, die heilsamen Energien des Teiches ganz in dich aufzunehmen, sie durch deinen Energiekörper fließen zu lassen und dich so der Kraft der Regeneration zu öffnen.

(An diesem Punkt sollte eine Pause von einer Minute ausreichen.)

Der Boden vibriert leicht, und dann siehst du eine kleine Luftblase aufsteigen. Diese Luftblase bringt dir ein Stück des Bodens, ein Stück Epidot, das du mitnehmen kannst, um auch im Alltag seine regenerierende Kraft zu nutzen.

(Mach bitte ein oder zwei tiefe Atemzüge lang Pause.)

Voller Dankbarkeit im Herzen nimmst du den Stein an und bist bereit für den Heimweg.
Du steigst die Sprossen der Leiter wieder nach oben, und dort wartet schon der Wolf mit deinen Schuhen im Maul auf dich.
Deine Füße sind auf einmal trocken, und du schlüpfst in deine Sachen.
Der Wolf stupst dich wieder an, und du kannst ihm übers Fell streicheln, ihn kraulen und liebkosen.

(Mach noch ein letztes Mal ein oder zwei tiefe Atemzüge lang Pause.)

Sobald du bereit bist, begleitet dich dein pelziger Freund zurück in den Wald. Wenn du möchtest, kannst du dich noch einmal umdrehen und Abschied vom Heilteich mit seinem Epidot nehmen.

Der Wald wirkt nun viel freundlicher, und dein Weg liegt deutlich vor dir. Der Wolf verabschiedet sich von dir und dankt dir noch einmal von Herzen für deine Hilfe. Sanft leckt er dabei über deine Hand, und seine raue Zunge kitzelt auf deiner Haut.

Konzentriere dich bitte nun wieder auf deinen Herzschlag.

Kannst du hören, wie dein Herz schlägt? Kannst du den kraftvollen Takt wahrnehmen, den dein Körper vorgibt?

Lausche und atme dabei tief ein und wieder aus.

Die Erinnerungen an den Heilteich sind fest in deinem Herzen verankert. Du kannst jederzeit hierher zurückkehren. Vielleicht triffst du auch den Wolf wieder.

Atme tief ein und wieder aus.

Du hast nun erfahren und gespürt, dass „Heil-Sein" mehr bedeutet als das Fehlen von Krankheit. Es ist eine Einstellung zum Leben, und du willst aus ganzem Herzen heil leben.

Atme tief ein und wieder aus.

Du kennst nun die Kraft deiner Selbstheilungskräfte und versprichst dir selbst, sie nie wieder zu unterschätzen.

Atme nun noch dreimal in deinem eigenen Rhythmus tief durch.

Recke und strecke dich ausgiebig. Wenn du möchtest, kannst du auch herzhaft gähnen. Wenn du bereit bist, öffne deine Augen und begrüße die Realität mit einem Lächeln.

Baummeditation

In der Edelstein-Reise „Baummeditation" begegnest du dem versteinerten Holz und seiner erdenden Kraft. Genieße die Begegnung mit dem Baum und all seiner Bewohner.

Bevor du beginnst, verteile bitte an jeden Teilnehmer ein kleines Stück versteinertes Holz, oder bitte deine Zuhörer im Vorfeld, sich einen Stein mitzubringen.

Die Edelstein-Reise „Baummeditation" dauert ungefähr 25 bis 30 Minuten.

Versteinertes Holz

Das versteinerte Holz besteht aus fossilem, manchmal opalisiertem oder quarzhaltigem Holz. Seine Farbvariationen und Musterungen sind so unterschiedlich wie die Bäume im Stadtwald.

- Kann uns bodenständiger machen,
- schenkt uns Zufriedenheit,
- schafft eine Atmosphäre des Wohlbefindens,
- erleichtert uns, das Leben so anzunehmen, wie es ist,
- hilft uns, uns in uns selbst zu verwurzeln.

Baummeditation

Schließe deine Hand bitte fest um das versteinerte Holz und mache es dir so bequem wie möglich. Schließe deine Augen und atme tief durch.

Durch die Kraft deines Atems können dein Körper, dein Geist und deine Seele einen entspannten Zustand erreichen.

Atme tief durch. Ganz gleich, ob du durch den Mund oder die Nase atmest, die Entspannung wird dich finden.

Atme tief durch und versuche dabei, deinen Alltag, deine kleinen Nöte und auch die größeren Sorgen aus deinen Gedanken auszusperren. Jetzt bist nur du wichtig.

Atme tief durch. Spüre, wie die Entspannung auch deine Chakren erreicht und sie langsam aber stetig durchströmt.

(Lass zwischen den folgenden Sätzen bitte immer einen tiefen Atemzug verstreichen, bevor du weiterliest.)

Dein Wurzelchakra ist voller warmer, roter Lebensenergie.

Dein Sakralchakra strahlt in orangefarbener Lebensfreude.

Dein Nabelchakra ist erfüllt von goldgelbem Selbstbewusstsein.

Dein Herzchakra schenkt dir grüne Herzenergie.

Dein Hals-Chakra eröffnet dir die silbrig-blaue Kraft der Kommunikation.

Dein Stirnchakra leuchtet indigoblau und ist voller Weisheit.

Dein Kronenchakra ist das violette Zentrum deiner Erleuchtung.

(Lege nun noch eine kleine Pause ein und mache drei weitere tiefe Atemzüge.)

Stell dir nun bitte vor, wie du in den Bergen wanderst. Du folgst einem Wanderweg und scheinst über einen unglaublichen Vorrat an Energie zu verfügen. Die Luft ist klar und frisch, und am strahlendblauen Himmel ziehen die Wattewölkchen munter umher.

Erst kannst du noch Vögel hören, die fröhlich zwitschern, doch nach einer Weile wird es stiller. Dein Weg führt dich immer höher auf den Berg hinauf. Hier oben gibt es nur noch dich und die Natur.

Dein Weg führt dich zu einem Hochmoor – Heidekraut wächst um das Moor herum. Die immergrünen kleinen Sträucher sind von wunderschöner Farbe, sie strahlen in zartem Rosa und blassem Lila. Du fühlst dich wohl und glücklich, und so machst du dich auf, das Moor vorsichtig zu entdecken.

(Mach bitte ein oder zwei tiefe Atemzüge lang Pause.)

Nach einer Weile kannst du einen kleinen befestigten Boh-
lenweg entdecken und folgst ihm auf das Moor hinaus.
Die Sonne scheint, ihre Strahlen glitzern auf der Wasser-
oberfläche, und frohen Mutes gehst du weiter auf das Moor
hinaus.
Dann kannst du ihn sehen: einen mächtigen Baum, der in
der Mitte des Moores wächst. So etwas kann es doch nicht
geben, und doch kannst du klar und deutlich seinen starken
Stamm und seine krummen Äste sehen.
Du gehst noch näher, denn du willst diesen wunderschönen
alten Baum berühren.

(Jetzt solltest du einen tiefen Atemzug Pause machen, bevor du weiterliest.)

Lege deine Hand sanft auf die Rinde. Kannst du die Kraft des
Baumes spüren?
Plötzlich bewegt sich der Baum und schüttelt sich. Du gehst
einen Schritt zurück und siehst auf einmal im Baumstamm
ein altes, aber sehr freundliches Gesicht.
Der Baumgeist schüttelt sich noch einmal und sagt dann mit
sanfter, tiefer Stimme:

„Menschenkind, das kitzelt! Ich bin sehr empfindlich an meiner alten Rinde! Aber wenn du etwas von meiner Energie haben möchtest, umarme mich doch einfach ganz fest."
Dieser Einladung folgst du natürlich sehr gern. Du trittst wieder näher und legst deine Arme um den Baum. Er ist so gewaltig, dass du ihn nicht mal annähernd umschließen kannst. Doch dieses Gefühl der Umarmung ist unbeschreiblich und wunderschön.
Auch der Baum legt sanft einen Ast über deine Schultern und schenkt dir so tiefes Urvertrauen und Wohlbefinden.

(Mach an dieser Stelle bitte eine Minute Pause.)

Wenn du bereit bist, löse die Umarmung. Der Baum hat noch eine Bitte an dich. Erneut spricht er zu dir:
„Liebes Menschenkind, steige bitte auf meine Wurzeln und kratze mich hier oben einmal, da juckt es so fürchterlich."
Mit einem kleinen Lächeln auf den Lippen steigst du auf die großen Wurzeln und erreichst mit Leichtigkeit die Stelle, die deinen Freund, den Baum, ärgert.
Und dann kratzt du ihn an der juckenden Stelle. Du bist mit ganzem Herzen dabei und spürst, wie es dem Baum gefällt. Er schnurrt fast schon wie eine Katze und fühlt sich sehr wohl unter deinen helfenden und heilenden Händen.

(Mach bitte drei tiefe Atemzüge lang Pause, bevor du weiterliest.)

Ein einzelnes seiner Blätter schwebt sanft auf dich zu, und auf diesem Blatt liegt ein kleines Dankeschön, das der Baum dir schenken möchte – ein Stück seiner uralten Rinde, ein Stück versteinertes Holz.

Nimm den Stein an und spüre, wie die Kraft des Urvertrauens, der Erdung und der Zufriedenheit ein dauerhafter und beständiger Teil deines Herzens und deiner Seele wird.

Dieser kleine Stein, dieses „alte" Stück Baum, hat die Kraft, dich auch in schweren Situationen zu unterstützen.

Nimm dieses Geschenk an und bedanke dich bei deinem neuen Freund.

(Mach bitte noch einmal zwei tiefe Atemzüge lang Pause.)

Ein letztes Mal spricht der Baumgeist zu dir:

„Ich danke dir für deine heilenden Hände. Und ich hoffe, der Stein kann dir in deinem Alltag Kraft schenken. Nun aber musst du wieder gehen, liebes Menschenkind. Ich wünsche dir für deine Zukunft den Segen aller Naturgeister. Leb wohl!"

Nebel liegt auf einmal über dem Hochmoor. Alles ist ein in sanftes Licht getaucht. Du kannst den Baum nicht mehr sehen, aber dafür spürst du eine unbändige Energie in deinen sieben Chakren.

(Lass bitte zwischen den folgenden Sätzen immer einen tiefen Atemzug verstreichen, bevor du weiterliest.)

Dein Kronenchakra, das Zentrum deiner Erleuchtung, erstrahlt violett in dir.
Dein Stirnchakra, der Hauptsitz deiner Weisheit, leuchtet indigoblau.
Dein Halschakra, Kraftpunkt deiner Kommunikation, zeigt seine silbrig-blaue Energie.
Dein Herzchakra, der Sitz deiner Gefühle, erhellt dich mit grüner Herzensenergie.
Dein Nabelchakra, dein leuchtendes Juwel, ist erfüllt von goldgelbem Selbstbewusstsein.
Dein Sakralchakra, das Zentrum deiner Lebensfreude, strahlt in orangefarbenem Licht.
Dein Wurzelchakra, dort findest du dein Urvertrauen, ist angefüllt mit warmer, roter Lebensenergie.

(Lege nun noch einmal eine kleine Pause ein und mache drei weitere tiefe Atemzüge.)

Atme nun bitte wieder tief durch.

Alle Erinnerungen an deine zauberhafte Begegnung mit dem Baumgeist sind fest in deinem Herzen verankert.

Atme tief durch und versuche, die vorhandene Energie in deinem Körper zu spüren.

Atme nun noch in deinem eigenen Rhythmus siebenmal tief durch.

Anschließend kannst du dich recken und strecken, und wenn du möchtest, auch herzhaft und laut gähnen. Öffne dann deine Augen wieder und kehre gut erholt und gestärkt zurück in deinen Alltag.

Ein kleines Dankeschön: Göttinnen-Begegnungen

Als kleines Dankeschön, habe ich hier noch eine „normale" Fantasiereise – ohne Edelsteine. Nur du und die Göttinnen Kali und Bastet.

Göttinnen sind liebevolle Wesen, die uns in unserem Leben helfen und unterstützen wollen. Lerne, die Göttinnen aus den verschiedenen Kulturen kennen, sie alle haben eine Botschaft für uns. In einer bekannten Werbung heiß es: „Erwecke die Göttin in dir!" Und genau das solltest du auch einmal ausprobieren. Viel Freude dabei...

Kali

Die hinduistische Göttin Kali, „die Dunkle", wird von einigen Menschen gefürchtet. Wenn du den natürlichen Zyklus von Geburt, Tod und Wiedergeburt verstehst und akzeptierst, kann Kali dir hilfreich zur Seite stehen.

Kali kannst du immer um Hilfe bitten, wenn du dein wahres Potenzial erkennen und auch leben möchtest. Mit ihr an deiner Seite hast du eine starke Verbündete.

Botschaft von Kali:

„Lass mit freudigem Herzen alles belastende Alte los, um Platz für etwas Neues oder jemand Neuem in deinem Leben zu schaffen."

Zur Unterstützung von Meditationen oder Ritualen, die sich an die Göttin Kali wenden, kannst du die ätherischen Öle Patchouli und Sandelholz verwenden. Wenn du lieber die Hilfe der Edelsteine in Anspruch nehmen möchtest: Der schwarze Obsidian passt perfekt zu Kali.

Bastet

Die altägyptische Katzengöttin Bastet kann uns – dank ihrer ausgeprägten Nachtsicht – im Schlaf beschützen.

Du kann Bastet jederzeit um Hilfe bitten, wenn du deine weiblichen Energien aktivieren oder stärken möchtest. Außerdem kann ihre Präsenz in deinem Leben deine schon vorhandenen intuitiven Fähigkeiten steigern.

Botschaft von Bastet:

„Deine weibliche Kraft und Unabhängigkeit können die Grundlage für ein erfolgreiches und erfülltes Leben sein. Verleugne niemals dein „Frau-Sein"!"

Zur Unterstützung von Meditationen oder Ritualen, die sich an die Göttin Bastet wenden, kannst du die ätherischen Öle Patchouli und Lemongrass verwenden. Bei den Edelsteinen passt der Amazonit sehr gut zu der altägyptischen Katzengöttin.

Die Meditation „Göttinnen-Begegnung" dauert ungefähr 30 bis 35 Minuten.

Göttinnen-Begegnung

*Mache es dir bitte so bequem wie möglich, schließe deine
Augen und atme ruhig ein und wieder aus. Sei ganz bei dir
selbst, fühle deinen Körper und konzentriere dich auf deinen
gleichmäßigen Atemrhythmus.*

Atme tief ein und wieder aus.

*Verweile mit deiner Aufmerksamkeit bei deinem Atem. Spü-
re, wie du dabei immer ruhiger wirst, wie du von den äußeren Dingen in dein Inneres, dein Seelenzentrum, vordringen
kannst.*

Atme tief ein und wieder aus.

*In deinem Seelenzentrum findest du eine zauberhafte Stille.
Diese Stille bereitet sich auch in deinem Geist aus, und letztendlich erreicht sie deinen Körper.*

(Mach bitte einen tiefen Atemzug lang Pause, bevor du weiterliest.)

*Stell dir nun vor, wie du vor einem prunkvollen Schloss
stehst, das von einem zauberhaften, parkähnlichen Garten
umgeben ist. Das muntere Vogelgezwitscher, die Schönheit
der Bäume und der Duft der blühenden Blumen sind fast
schon wie eine Einladung an dich.*

Trau dich, tritt näher und besuche dieses märchenhafte Schloss.

Langsam durchschreitest du auf dem Weg zum Eingangsportal eine herrliche Allee mit alten, starken Eichen. Mit jedem weiterem Schritt spürst du Geborgenheit und unbeschreibliches Glück. Das Schloss heißt dich willkommen.

Sieben breite Stufen trennen dich noch vom Portal, du musst sie nur emporsteigen, dann kannst du das Schloss erkunden.

(Lass dir zwischen den einzelnen Stufen einen Moment Zeit und nimm jeweils zwei tiefe Atemzüge, bevor du weiterliest.)

Du betrittst die erste Stufe und spürst, wie du alle depressiven Energien loslässt.

Du betrittst die zweite Stufe, und dort fällt jedes Schuldgefühl von dir ab.

Du betrittst die dritte Stufe und lässt alle deine Aggressionen los.

Du betrittst die vierte Stufe, jetzt lösen sich bei dir sämtliche Blockaden des Herzens.

Du betrittst die fünfte Stufe, dort wird dir bewusst, was Wahrheit wirklich bedeutet.

Du betrittst die sechste Stufe, dort findest du deine eigene innere Weisheit.

Du betrittst die siebte und letzte Stufe, nun bist du dir darüber im Klaren, dass du ein wichtiger Teil des Universums bist.

(Mache bitte einen tiefen Atemzug lang Pause.)

Du stehst nun vor dem Eingangsportal und ahnst schon, dass in diesem Schloss eine besondere Begegnung auf dich wartet.

Langsam trittst du hindurch und gehst durch eine große Halle bis in einen großen, hell erleuchteten Saal.

Holzgeschnitzte dunkle Möbel, große Ölgemälde und schwere Gobelins schmücken diesen Saal. Das sanfte Licht der Sonne, das durch die bodentiefen Fenster fällt, lässt den Raum warm und freundlich wirken.

Du machst eine kleine Pause und setzt dich auf einen der Sessel. Für einen Moment legst du die Füße hoch und genießt den zauberhaften Blick in den Park und seine vollkommene Pracht.

Auf einmal hörst du hinter dir eine leise, aber sehr klare, deutliche Stimme:

„Lass los, mein liebes Kind. Lass die Dinge, die dich belasten, los, damit du in deinem Leben weiterziehen kannst. Ich und meine Energie helfen dir dabei."

(Mach bitte einen tiefen Atemzug lang Pause.)

Du kannst nun spüren, wie dich die unbezähmbare Energie der indischen Göttin Kali durchströmt.
Wieder hörst du die Stimme der weiblichen Gottheit:
„Befreie dich. Befreie dich von all dem Ballast, den du bewusst oder vielleicht sogar unbewusst in deinem Herzen und in deiner Seele trägst. Dann hast du Platz für etwas Neues, etwas Wundervolles in deinem Leben. Ich, meine Energie, bin immer an deiner Seite, um dich zu unterstützen."
Ein dunkelblauer Nebel, die Energie der Göttin Kali, umhüllt dich nun. Versuche bitte, deinen gesamten Seelenmüll, alle Sorgen und Nöte, die dein Herz belasten, all die großen und kleinen Blockaden an den Nebel abzugeben.
Der Nebel durchströmt deinen Energiekörper, dein Herz und deine Seele.

(An diesem Punkt solltest du eine Minute Pause machen, bevor du weiterliest.)

Nach einigen Momenten der Reinigung wird der Nebel langsam immer heller, bis er sich schließlich ganz auflöst.

Bleib ruhig noch etwas sitzen und spüre, ob sich etwas in dir verändert hat. Du bist befreit, dein Herz ist leichter, und du kannst die Vollkommenheit der göttlichen Energie in deiner Seele erkennen.

Steh nun langsam auf und geh auf die verschlossene Tür gegenüber den großen Fenstern zu. Öffne sie vorsichtig und tritt in den nächsten Raum ein.

Auch dieser Raum hat große Fenster mit schweren Vorhängen, alte Portraits mit freundlichen Gesichtern und ein sehr bequem aussehendes Himmelbett.

Auf dem Bett liegt eine Katze mit seidigem schwarzen Fell. Jetzt hebt sie leicht den Kopf und spricht zu dir:

„Komm zu mir, lieber Mensch, setz dich zu mir und kraule meine Ohren."

Eine sprechende Katze? Du bist zwar erstaunt, aber gesellst dich dazu und streichelst sanft ihr weiches Fell.

(Mach bitte einen tiefen Atemzug lang Pause.)

Durch deine sanften Berührungen schnurrt die Katze leise: „Danke, das tut so gut – ich verfüge über alle diese Energien und Kräfte, aber selbst kraulen kann ich mich nicht."

Die Energie der ägyptischen Katzengöttin Bastet ist voller weiblicher Wärme und Zuneigung. Auch du fühlst dich mit jedem Streicheln und Kraulen weiblicher, weicher und voller Stärke. Deine intuitiven Fähigkeiten wachsen.

Bastet blickt dir tief in die Augen. Die grünen Katzenaugen glühen, und du spürst, dass sie dich und deine Familie in der Dunkelheit immer bewachen und beschützen wird.

Dann kannst du wieder ihre Stimme hören:

„Es ist nun an der Zeit für dich, diesen Ort zu verlassen und nach Hause zurückzukehren. Ich danke dir für deine Streicheleinheiten."

Damit erhebt sich die schwarze Katze und ist verschwunden.

Sei du nun ganz bei dir selbst, fühle erneut deinen schönen vollkommenen Körper und konzentriere dich auf deine Atmung.

Atme tief ein und wieder aus.

Verweile mit deiner Aufmerksamkeit bei deinem Atem. Spüre, wie ruhig du immer noch bist.

Atme tief ein und wieder aus.

In deinem Seelenzentrum findest du neben dieser zauberhaften Stille auch eine unbändige weibliche Kraft. Diese Kraft erkennst du auch in deinem Geist und letztendlich in deinem Körper.

Atme tief ein und wieder aus.

Fühle, wie die Erinnerungen an die Begegnungen mit Kali und Bastet sich immer tiefer in deine Herzensmitte vorwagen und sich dort fest verankern. Die Energie der Göttinnen wird immer ein Teil von dir sein, auf die du in schwierigen Zeiten zurückgreifen kannst.

Atme tief ein und wieder aus.

Wenn du bereit bist, kannst du dich recken und strecken, vielleicht auch herzhaft gähnen. Öffne dann deine Augen und heiße die Energie der weiblichen Göttinnen in der Realität willkommen.

Nachwort

Nun kennst du die zehn Edelstein-Reisen, die mir persönlich sehr viel bedeuten. Normalerweise fällt es mir nicht leicht, Texte für Meditationen zu schreiben, aber bei den Edelstein-Reisen war es anders. Die Worte kamen einfach so aus mir heraus, und beim Gedanken an die schönen Edelsteine war ich voller Leichtigkeit und Freude. Natürlich gab es auch hier die eine oder andere Stelle, bei der ich Tränen in den Augen hatte – aber so bin ich nun mal.

Auch wenn die Edelstein-Reisen dich vielleicht nicht immer sofort zum Ziel bringen, gib trotzdem bitte nicht auf. Manchmal sitzen die Blockaden so fest, dass wir länger brauchen, um sie zu lösen. Lies die passende Edelstein-Reise immer wieder, und irgendwann wirst auch du bereit sein, weiterzugehen. Ich glaube fest an DICH.

Ich würde mich sehr freuen, wenn du mir deine persönlichen Erfahrungen mit den Edelstein-Reisen oder Anregungen für weitere Fantasiereisen per eMail schicken würdest:

tina@buchhandlung-isensee.de

Deine Tina Isensee

Danksagung

Vielen Dank an Ulf Ernst Wagener, der mir vor vielen Jahren den Tipp gab, mich mit Edelsteinen zu beschäftigen und mich damit auf meinen eigenen spirituellen Weg „schubste".

Lieben Dank auch an Dr. Werner Lobeck aus Gladbeck; in seiner Praxis lernte ich während meiner Ausbildung zur Arzthelferin nicht nur die Schulmedizin, sondern auch die vielseitigen Energien der alternativen Medizin kennen.

Über die Autorin

Im Januar 2003 eröffnete Tina Isensee gemeinsam mit ihrem Mann Stefan eine kleine esoterische Buchhandlung in ihrer Heimatstadt Gelsenkirchen — die „Wohlfühlbuchhandlung im Herzen des Ruhrgebiets". Ohne groß darüber nachzudenken waren die beiden im Juni 2002 ein Paar geworden und hatten schon im August den Mietvertrag für die gemeinsame Wohnung und den schönen Esoterikladen unterschrieben, damals war Tina gerade 23 Jahre alt.

In all den Jahren ließen sich die beiden von ihrer Intuition leiten und sind bis heute dabei geblieben. Mittlerweile haben sie ein etabliertes spirituelles Geschäft mit einem umfangreichen Vortrags- und Veranstaltungsprogramm.

2010 stellten Tina und Stefan dann die „Wohlfühlmesse Gelsenkirchen" auf die Beine (eine der größten spirituellen Messen in Deutschland), die einmal im Jahr stattfindet und Aussteller und Besucher aus ganz Deutschland und den Nachbarländern anzieht. 2014 kam noch der „Esoteriktag" (Deutschland größte Esoterikmesse) dazu.

2016 erschien dann Tinas erstes Meditations-Buch „Duftrei-sen" im Smaragd Verlag, und seit 2017 gehören Segenszeremo-nien (Handfasting, freie Trauungen, Abschiedszeremonien und „Willkommen im Leben-Feiern") zum Angebot.

Das Geheimnis ihres Erfolgs ist ganz einfach: Die beiden lie-ben sich und ihre Arbeit!

Besucht Tina Isensee und ihren Blog doch auch im Internet:

www.buchhandlung-isensee.de/blog

Buchempfehlung

Tina Isensee
Duftreisen
144 Seiten, A5, broschiert
ISBN 978-3-95531-136-0

Herzlich Willkommen in der fantastischen Welt der Duftreisen.

Duftreisen sind ganz normale Fantasie- oder Entspannungsreisen, in denen der Duft von ätherischen Ölen eine entscheidende Rolle spielt. Durch diese Kombination kann es dir während einer Reise leichterfallen, die beschriebenen Orte zu besuchen oder dich in die verschiedenen Situationen hineinzuversetzen.

Außerdem kannst du die spezifischen Wirkungen der ätherischen Öle nutzen, um abzuschalten oder auch neue Kraft zu tanken.

Wage den Schritt und gehe mit den Duftreisen in einen entspannteren und glücklicheren Alltag.